崔珍燕——著

豌豆和迷鹿绘——绘

西蒙学习法

学习法

·漫画版·

U0642653

北京科学技术出版社

图书在版编目（CIP）数据

西蒙学习法：漫画版 / 崔珍燕著；豌豆和迷鹿绘

绘 . -- 北京：北京科学技术出版社，2025. -- ISBN

978-7-5714-4460-0

Ⅰ . G442-49

中国国家版本馆 CIP 数据核字第 2025UZ3095 号

策划编辑：常栎文
责任编辑：路 杨
责任校对：董桂红
设计制作：博越创想
责任印制：吕 越
出 版 人：曾庆宇
出版发行：北京科学技术出版社
社　　址：北京西直门南大街 16 号
邮政编码：100035
电话传真：0086-10-66135495（总编室）
　　　　　0086-10-66113227（发行部）
网　　址：www.bkydw.cn
印　　刷：北京顶佳世纪印刷有限公司
开　　本：880 mm × 1230 mm　1/32
字　　数：94 千字
印　　张：5.75
版　　次：2025 年 8 月第 1 版
印　　次：2025 年 8 月第 1 次印刷
ISBN 978-7-5714-4460-0

定　　价：59.80 元

京科版图书，版权所有，侵权必究。
京科版图书，印装差错，负责退换。

前言

当考试开始倒计时，你急切地想要高效备考，该从哪里开始呢？是去翻课本巩固基础知识，还是多做一些练习题？明知某门学科需要提高，但就是不想去复习怎么办？昨天好不容易背会的知识点，今天又想不起来了，就这样放弃吗？越是迫在眉睫、焦虑不安，越是学不进去，如何解决……

学习本就是一件不容易的事，任何一个学习环节出现问题，都可能导致学习的"引擎"突然"熄火"。尤其是在备考阶段，学习任务最重，偏偏最容易出现问题，令很多学生都万分头疼。

这本《西蒙学习法（漫画版）》堪称解决学习难题的"灵丹妙药"。

赫伯特·亚历山大·西蒙（简称西蒙），是一位荣获诺贝尔经济学奖的伟大科学家。他是现代诸多重要学科的奠基人之一，在计算机科学、心理学、社会学及管理学等多个领域都有着卓越贡献，更因为在计算机科学与心理学的交叉研究上成就斐然，被誉为"人工智能之父"。

面对西蒙在多个学科领域取得的巨大突破性成就，人们不禁好奇：他是如何做到的？他的学习方法是什么？

西蒙教授曾说过："对于有一定基础的人来说，只要真正肯下功夫，在 6 个月内就可以掌握任何一门学问。"西蒙强调的是通过集中精力和持续努力，在短时间内高效完成学习任务。这种方法特别能满足当今中国学生备考的需求。

我以河南省全省高考文科第三名的成绩考入北大后，常有人问我成功的秘诀。实际上，我的备考思路、节奏，和西蒙学习法是一致的。让我们一起分析一下西蒙学习法的具体路径。

第一步，选择正确的学习领域。我最需要提升的是哪个学科？偏科怎么办？比如，进入高三后，我发现自己的数学总分不够高，那么应该先抓紧时间解决我在数学上的弱势，而不是仅凭喜好一味学习自己喜欢的学科。

第二步，设定恰当的学习目标。当我选择了一门学科后，要有一个让我聚焦所有精力的具体目标。比如，下次考试，计算题的正确率在 95% 以上，语文作文得分在 50 分以上，能流利地翻译英文阅读理解……可能有时候，我们无法精确地找到适合自己的目标，那么就需要结合第三步来确定目标。

第三步，学科知识拆分与规划。其实，每门学科的知识体系都是系统化的。我们需要学会将看似零散的知识点整合为一个有机整体，同时也能将紧密联系的学科体系分解为若干个子系统，这样才能更科学地学习，并合理制订相应计划。

第四步，集中精力，提高行动力和学习效率。在备考的实际行动中，我们可能会遇到许多困难：心态问题、记忆问题、粗心问题……这本书则深入结合考生的实际问题，给你提供可落地的执行方案。

第五步，走出学习误区。每个人都曾不可避免用过一些错误的方法，包括我和我的学生们。所以，我把大家最常见、最头疼的学习误区、陷阱，放在第五章，相信能让大家在学习上少走一些弯路。

除了以上这些系统的学习方法外，在这本书中我也根据近年来的教育风向，结合自身学习和教学经验，涉及语文、数学、英语、物理、历史、化学等多个学科，增加了具体的备考策略，比如如何进行试卷诊断、如何纠正错题等。

这是一本值得中国学生深入研读的备考指南。它可以解决你在学习过程中的种种困惑，引领你走向高效、科学的学习之路。如果你正在为备考而烦恼，不妨翻开这本书，相信会给你带来意想不到的收获。

跳跳虎

心中有个学霸梦，奈何做事不专注，力争上游是我的路！

博博机

我是博学多识的机器人，科学家西蒙是我的"父亲"。
我特别会学习，可以成为你们学习路上的好朋友。

鹰思思

"学而不思则罔，思而不学则殆。"我是跳跳虎的朋
友，勤奋踏实，努力做最好的自己。

第2章　选对方向才能少走弯路

第 3 章　学会拆分，让学习事半功倍

第 4 章 "考神"修炼手册，持续学习，高效冲刺

第 5 章　那些你不了解的学习误区

第1章

什么是西蒙学习法

认识科学家西蒙

赫伯特·亚历山大·西蒙

性别：男

出生：1916年6月15日

住址：美国威斯康星州密尔沃基

成就：诺贝尔经济学奖获得者，"人工智能之父"，经济学、管理学、计算机科学、认知科学、人工智能、政治学、社会学、运筹学、心理学等领域的开拓者和研究专家。

大家好，我是"人工智能之父"。

🔨 西蒙的学习故事

在某个领域成为顶尖专家，尽管极不容易，但总有人能做到。但是，当一个人能在经济学、管理学、人工智能、心理学、社会学等学科同时取得非凡成就，就超出绝大多数人的想象了。

赫伯特·亚历山大·西蒙就是20世纪的一位传奇人物。他出生在美国一个中产阶级家庭，父亲是一名电气工程师，母亲是一名钢琴教师。上学后没多久，小西蒙就发现自己要比同学聪明得多，因为他认为：

"自己虽然认真学习，但从不需要非常用功。"

大部分人听到西蒙的这种说法，都是非常惊讶的。一个不够用功的人，怎么能称得上"认真学习"，又如何取得那么多成就呢？但深入了解了他的自传后，我们可以找到答案：西蒙所说的"认真"，主要是指在学习的时候，能保持真正的探索兴趣，独立地、专注地去理解每个问题，而不仅仅是表面上的"用功"。

用功≠认真

在上大学之前，西蒙在学习这件事上就有很多独特之处。

（1）兴趣第一，广泛读书

西蒙深信兴趣是学习的最佳"导师"。他喜欢阅读，涉猎的书籍类型广泛，书籍成为了他最好的"朋友"。他也会去家附近的博物馆看展览，在收集玩具、集邮等爱好中自得其乐。丰富多彩的生活爱好，激发了西蒙对知识的渴求，让他对每一门学科都抱有浓厚的兴趣，所以他在学校的各门功课成绩都很不错，也几乎没有讨厌的课程。

（2）细心观察，动手实践

西蒙的父亲是一位发明家，持有多项发明专利。每当爸爸在家中地下室的工作台前进行发明工作时，他就在一旁看得忘乎所以，还常充当"助手"的角色，进行动手尝试。但是，西蒙从来没有问父亲："爸爸，你是怎样进行发明创造的？"在他心中，直接从爸爸口中得到答案跟作弊没什么差别。再者，别人都跟你说了怎样发明了，那么再动手尝试就变得特别无趣了。他更喜欢靠自己去探索未知的世界。

（3）独立思考，从不盲从

西蒙尤其喜欢阅读，而且有一套自学的方法。10岁时，他就凭借百科全书的索引和公共图书馆的目录，开始独立阅读《大不列颠百科全书》。如果在读书过程中遇到问题，他也会尝试从书中"挖掘答案"，但不会盲从任意一方的观点。比如，学习主要受外部环境影响还是受主观心理活动影响？不同的书有不同的"答案"。西蒙很清楚"记忆"和"理解"之间有什么区别，他力求理解问题的本质，而不是简单地去记住所谓的"答案"。

Gasoline? Gesoline? Gaseline? 傻傻分不清楚。

Gasoline "汽油":
gas 🔥
ol（oil 的简写）🛢
ine（名词后缀，表示某种物质）

🔨 多学科思维

西蒙求学时期的美国，大学学科划分很细致，很多人一辈子只研究某个学科的一个非常细的分支。例如，一个历史学家只研究 1848 年的欧洲史。

但是，西蒙是个"博爱"的人。他同时热爱人类学、代数学、经济学、社会学、历史学、心理学、几何学、物理学等，认为每一个学科都那么的迷人。他的目标是成为一个具有多学科思维、全方面发展的人。

后来，西蒙选择了就读芝加哥大学。这所大学关于通识教育①的理念与西蒙自己的成长目标不谋而合。大学学习期间，西蒙不仅在三年内就提前获得了学士学位，而且还额外研究了音乐、绘画、政治科学等学科，掌握了德语、拉丁语、法语等

① 通识教育是一种以拓宽知识广度、促进思维整合为目标的教育模式，区别于专业性教育，注重学生通过人文、社科、自然科学等多领域学习形成综合视野。芝加哥大学的通识教育课程极具特色，其以培养学生成熟和独立的思维能力为目标，让学生在跨学科研究领域探索中提升自我，培养终身学习的智性追求。

多种语言。

　　1978 年，西蒙获得了诺贝尔经济学奖。而此时，人们惊讶地发现，他已经把研究方向换成了认知科学和人工智能，并获得了图灵奖——"计算机界的诺贝尔奖"。人们尊称他为"人工智能之父"。

听起来如此不可思议！

面对这么多学科，西蒙是怎么学习，创造了学习神话的呢？

🔨 学习理念

　　"对于一个有一定基础的人来说，只要真正肯下功夫，在 6 个月内就可以掌握任何一门学问。"

　　对于中国学生来说，学习英语一直是一趟漫长的旅程，哪怕从小学三年级开始算起，仅仅到高中毕业，也需要整十年的时间。但学习效果又如何呢？以我自身为例，虽然投入了大量时间学习英语，但学习成果也只停留在读写这类基础层面，不敢张口说话，远远称不上是"掌握"了一门外语。

而西蒙呢？他从零基础到掌握法语的时间是：6个月！6个月，他就能读懂高深的法文原版书籍，也能说一口流利的法语了。

他是如何做到的？从他在求学时期的学习习惯，我们能看出西蒙学习法的雏形。

（1）目标聚焦

在我们大多数人眼中，语言学习是漫长而分散的过程，但西蒙采取了截然不同的策略：集中时间先攻破法语的学习任务。当他掌握了基础的词汇和阅读后，就会学习进阶内容，如写作、口语等。在没有掌握法语之前，他不会把注意力放在别的学科的学习任务上。

（2）精细化拆分

西蒙将法语的学习解构为单词、阅读、写作、口语等多个模块的学习。虽然看起来平平无奇，但实则暗含深意：西蒙把一门学科拆分成多个组块，依据各组块特性，量身定制学习计划。先是通过基础读物逐步拓展词汇量，然后应用到日常交流中……每一环节都紧密相连，共同构筑起法语学习的坚固框架。

（3）效率至上

尽管西蒙参加了学校的法语课程，但他很快意识到课堂上机械化的句型重复难以培养真实的口语能力。于是，他开始主动创造语言环境：不仅坚持与法国同学进行日常对话，还参与了法语电影沙龙和文化聚会。这种沉浸式学习不仅让他快速学会了说一口地道的法语，还与同学建立了深厚友谊。他坚信，语言的生命力在于运用，因此应将更多时间投入到日常生活的语言实践中，让法语成为自己与外界沟通的桥梁。

（4）持之以恒

对西蒙而言，掌握法语并非终点，而是新旅程的起点。他很享受通过语言学习了解一个国家的风土人情，把法语的学习方法也应用到了包括汉语在内的其他语言的学习中，这体现了西蒙无尽的探索精神与求知欲。

（5）兴趣驱动

谈及为何能持之以恒地学习多门语言，西蒙的回答简单而深刻："因为我热爱这个世界，喜欢通过旅行去了解不同地方的文化，这就是我学习外语的动力。"

兴趣，无疑是西蒙最好的老师。

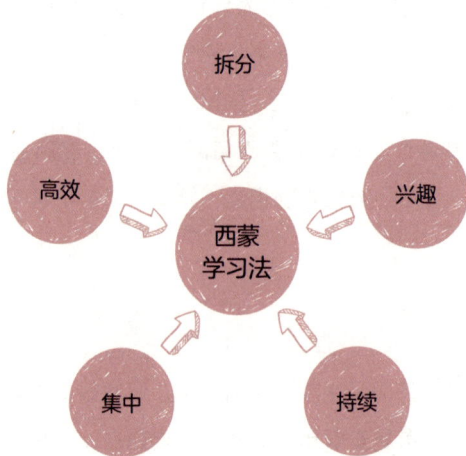

拆分

高效

兴趣

西蒙
学习法

集中

持续

西蒙学习法的本质

道出本质

> 知识的专一性像锥尖，精力的集中则是锥子的作用力，时间的连续性好比是连续不断地钻石头。
>
> ——居里夫人

势不可当，全力击打

找准方向，事半功倍

持续发力，石头破碎

西蒙学习法又被形象地比喻为锥形学习法。当我们对一门学科持续发力不间断时，相当于省去了中间复习的时间，保证了学习的连续性，从而让我们在更少时间内攻克一门学科。

西蒙曾在研究中提到，1个人1分钟到1分半钟可以记忆一个新的信息，心理学把这样一个信息称为"块"。每一门学科所包含的信息量大约是 5 万"块"，那么记忆这 5 万"块"大约需要 1000 个小时。以每星期学习 40 小时计算，要掌握一门学科大约需要 6 个月。

不过，要注意的是，西蒙所指的学科是指很多成年人要研究一生的某一门系统知识。在小学和中学阶段，每学期每学科的知识量自然远远低于这个数字。

我们日常的学习安排，基本都是分散的，每天要交叉学习许多学科。但是一到"考试季""毕业季"，学习节奏立刻就不同了。考试来临前，总感觉这学期数学没学好。如何在考前查漏补缺？如何集中复习，以便冲刺更高的成绩？考后怎么解决知识漏洞？

此时，我用西蒙学习法，首先确定了攻克的学科是数学，学习目标为成绩达到 90 分。接下来，我可以用西蒙学习法拆分学习内容。拆分后发现每学期数学有 8 个大单元，我对前 4 个单元已经基本掌握，但是没有学好 5 ～ 8 单元的知识，需要认真复习。如果我能集中精力，在一周内持续复习数学 5 ～ 8 单元的知识，那么这一周我一共需要 8 个小时的时间。相当于，每个单元复习要用 2 个小时。

如果我换一种方法呢？这周用 2 个小时复习了第 5 单元，而把第 6 单元的复习留到下周。那么，下周我需要用多少时间才能复习完第 6 单元呢？

我们下意识地会觉得，应该还是 2 个小时。

但是，实际时间应该为 3 个小时。因为我们往往需要 1 个小时去复习上一个单元的内容，然后才能去学习第 6 单元。如果再过一周呢？我们可能需要至少 2 个小时，去复习第 5 和第 6 单元的内容，然后才能开启对第 7 单元的学习……

可见利用西蒙学习法集中复习往往会使效果最大化，它的核心理念为：在一个相对较短时间内集中全力在某一门学科上，目标单一，持续投入，集中精力。**这种方法正适合以考试为目的的学习节奏。**

🔨 学习步骤

很多学生都反映过这样的问题："刚上小学时成绩很好，门门满分，后来却越来越差。"为什么会出现成绩由高到低、不断下滑的现象呢？

我们不妨回想一下小时候的"学习时光"，基本以"读一读、背一背、写一写、算一算"为主。但随着内容的深化，你就会发现这样是远远不够的。

知道了 ≠ 学会了

学习的过程就类似于锥子凿石头。若仅停留于"知道"层面，便如同只看到了石头的表面，而无法洞悉其内在的奥秘。

真正的"学会"，需要我们按照科学正确的步骤，一步步深入，直至完全理解并掌握知识的核心。

（1）择石为基：选择学习领域

其实，我们的学习路上，每科知识都像是一块坚硬的顽石，这种"石头"处处可见。学习的第一步，就是选择想要先去克服的那块石头，即选择一门学科。

但问题的关键是，应该优先选择哪一门学科呢？是把精力放在提升优势学科，还是弥补弱势学科上？或者精力充足的前提下，能否同时选择多门学科呢？我们将在第二章来解答这些问题。

（2）作用点：设定学习目标

在凿石头的过程中，工匠们深知，要想穿透坚硬的岩石，就必须将锥尖精确地聚焦于石头的一个作用点上，并持续不断地朝着那个点努力。

同样地，在学习这条道路上，我们也需要设定一个专一

且明确的学习目标。这个目标可以是短期内具体可达成的，如"在下次考试中，将数学成绩提高 15 分"；也可以是针对某一知识领域的深入探索，如"学会并熟练掌握平面几何这个专题"。但无论目标如何，关键在于一旦设定，就要保持专注与坚持，避免在短时间内频繁更换，否则往往会适得其反，削弱我们的学习动力。

（3）凿石技巧：拆分学习／知识内容

目标选定后，如何规划具体的行动方案？每门学科的知识体系都非常庞大，为了更科学地进行考前复习，需要科学拆分学科知识，把学科体系拆分为众多知识组块。这样一来，我们可以针对不同的知识组块，制订不同的学习规划。

此时要考虑的问题就更多了。比如，距离下次考试还有多少复习时间，如何规划？现实与目标的差距有多大？应该巩固基础还是解决难点？

在第三章"凿石技巧——学科的规划与拆分"中，我将介绍学科知识的拆分法则，并以语文、英语、数学三门学科的具体拆分方法为例，让你可以根据自己的学习水平，制订适合自己的考前复习规划。

（4）集中精力：最大化提高学习效率

西蒙学习法＝积极的学习动机 × 有效的学习方法 × 必要的时间投入

"临渊羡鱼，不如退而结网。"无论有多少完美的规划和设想，如果没有行动，都毫无意义。西蒙学习法真正发挥作用的时刻，其实是我们开始行动的时候。如果停滞不前，一切天赋都毫无意义。我们必须投入时间，集中精力，持续学习，才能攻克那块"拦路石"。

在这个过程中，我们难免会遇到各种各样的学习挑战。有的同学可能对考试心存畏惧甚至厌恶，这让他们在制订考试复习规划时感到力不从心。还有的同学可能发现自己记忆力不佳或是错误频出，难以提高成绩。此外，如何平衡多门学科的学习，以及在考试中如何超常发挥，也是许多学生普遍存在的疑惑与盲区。

这些与考试复习密切相关的问题，都将在第四章"'考神'修炼手册，持续学习，高效冲刺"得到解答。

（5）坚持正确的方向：走出学习误区

在本书的最后部分，我们将深入探讨一些你常常会忽视，但一不小心就可能陷入的学习误区。第五章"那些你不了解的学习误区"将详细阐述这些问题，包括导致拖延、注意力分散等现象的根源，什么是合适的学习环境，如何培养正确的学习习惯，以及如何理解饮食、睡眠与精力水平之间的关系等。

🔨 每个人的性格都有优势

国外一项实验发现，大部分人在描述自己外貌时，总是下意识关注外貌上的缺点。我们在谈论学习时也是如此。我发现，大部分同学在描述自己的学习情况时，总是先想起自己的问题和缺点，而忽略自身在学习上的优势。

过度关注问题，会让很多人觉得学习之路上只有荆棘与坎

坑，从而迟迟不敢真正出发。

有些学生，如同跳跳虎一样，做题时非常粗心，但性格非常乐观，能够换个角度看待问题：平时练习测试时，越早发现问题，不就能越早解决吗？这样的好心态往往会让这样的学生在考场上如鱼得水，每次都能超常发挥。

也有一些学生，学习和做题速度很慢，但他们的性格非常坚韧，就像鹰思思一样，认为既然比别人学得慢，那就每天多学一会儿，追齐进度。听课时，总想弄懂背后的推理过程；做题时，不放过题目中的任何细节，反复演算。所以，这样的学生的数学基础反而比其他同学都要牢固，而且由于细心谨慎，做题正确率非常高。最终，数学反而成为他们的优势学科。

所以说，有时候性格特点也会给学习带来优势。当你对学习感到疑惑、迷茫甚至痛苦时，不妨尝试着从"问题"上移开目光，去发现自己的性格优势吧。

🔨 根据性格，找到最适合自己的学习法

你清楚自己的性格特点吗？心理学界的众多学者，为我们揭示了性格的多样性和复杂性。他们提出了诸多性格分析理论，以帮助我们更好地理解自我。20 世纪 20 年代，美国心理学家威廉·马斯顿博士提出了一种行为理论，即 DISC 理论。他认为，每个人都有支配（Dominance，简称 D）、影响（Influence，简称 I）、稳健（Steadiness，简称 S）与顺从（Compliance，简称 C）这四种基本的性格特质，只是四种特质的占比各有不同。正是这种比例上的差异，塑造了每个人独特而鲜明的性格轮廓和行为倾向。

支配型（D）
爱冒险、有竞争力、果断，
擅长自我激励，
厌恶被他人监督、打扰。
代表：孙悟空、跳跳虎

稳健型（S）
平和、避免冲突、耐心、认真，
适合按计划、按部就班地学习。
代表：沙僧、鹰思思

影响型（I）
乐观、自信、有说服力，
擅长鼓舞人心，
适合互动、沟通多的学习氛围。
代表：猪八戒

顺从型（C）
完美主义、仔细、耐心、遵从意见，
擅长精细分析和逻辑思考。
代表．唐僧、博博机

你可以回想一下你平时的学习行为倾向，完成下列 24 道测试题，了解自己的性格轮廓。

如果答案是"非常同意"，请给自己打 5 分；如果是"比较同意"，则打 4 分；"差不多"，打 3 分；如果只有"一点同意"，请打 2 分；如果答案是"不同意"，则打 1 分。

1. 你经常听取大家的意见吗？

A. 非常同意　　　　B. 比较同意　　　　C. 差不多

D. 一点同意　　　　E. 不同意

2. 你个性温和，几乎不与老师同学起冲突吗？

A. 非常同意　　　　B. 比较同意　　　　C. 差不多

D. 一点同意　　　　E. 不同意

3. 你白天上课时有活力、不疲倦吗？

A. 非常同意　　　　B. 比较同意　　　　C. 差不多

D. 一点同意　　　　E. 不同意

4. 你能独立解决学习疑难吗？

A. 非常同意　　　　B. 比较同意　　　　C. 差不多

D. 一点同意　　　　E. 不同意

5. 你受同学们欢迎吗？

A. 非常同意　　　　B. 比较同意　　　　C. 差不多

D. 一点同意　　　　E. 不同意

6. 你做题时细心，不易出错吗？

A. 非常同意　　　　B. 比较同意　　　　C. 差不多

D. 一点同意　　　　E. 不同意

7. 你对家境困难的同学富有同情心吗？

A. 非常同意　　　　B. 比较同意　　　　C. 差不多

D. 一点同意　　　　E. 不同意

8. 你敢于直面权威或者接受未知挑战吗?

A. 非常同意　　　　B. 比较同意　　　C. 差不多

D. 一点同意　　　　E. 不同意

9. 你一丝不苟,几乎没有粗心问题吗?

A. 非常同意　　　　B. 比较同意　　　C. 差不多

D. 一点同意　　　　E. 不同意

10. 你组织班级活动的能力好吗?

A. 非常同意　　　　B. 比较同意　　　C. 差不多

D. 一点同意　　　　E. 不同意

11. 你是否积极主动提问、寻找方法?

A. 非常同意　　　　B. 比较同意　　　C. 差不多

D. 一点同意　　　　E. 不同意

12. 你会因为害羞而不敢跟老师、陌生人说话吗?

A. 非常同意　　　　B. 比较同意　　　C. 差不多

D. 一点同意　　　　E. 不同意

13. 你在学习中总是努力追求完美结果吗?

A. 非常同意　　　　B. 比较同意　　　C. 差不多

D. 一点同意　　　　E. 不同意

14. 你遇到问题能冷静思考吗?

A. 非常同意　　　　B. 比较同意　　　C. 差不多

D. 一点同意　　　　E. 不同意

15. 你勇于学习、不怕学习困难吗?

A. 非常同意　　　　B. 比较同意　　　C. 差不多

D. 一点同意　　　　E. 不同意

16. 你外向,乐于主动结交朋友吗?

A. 非常同意　　　　B. 比较同意　　　C. 差不多

D. 一点同意　　　　E. 不同意

17. 你注意细节，写笔记、做批注、考试答题等都十分工整吗？

A. 非常同意　　　　　B. 比较同意　　　C. 差不多

D. 一点同意　　　　　E. 不同意

18. 你爱说话，总是忍不住找人聊天吗？

A. 非常同意　　　　　B. 比较同意　　　C. 差不多

D. 一点同意　　　　　E. 不同意

19. 你总是积极表达自己的想法吗？

A. 非常同意　　　　　B. 比较同意　　　C. 差不多

D. 一点同意　　　　　E. 不同意

20. 你喜欢制订学习计划吗？

A. 非常同意　　　　　B. 比较同意　　　C. 差不多

D. 一点同意　　　　　E. 不同意

21. 你小心翼翼，总是忧虑别人对你的看法吗？

A. 非常同意　　　　　B. 比较同意　　　C. 差不多

D. 一点同意　　　　　E. 不同意

22. 你坚守传统的学习方法吗？

A. 非常同意　　　　　B. 比较同意　　　C. 差不多

D. 一点同意　　　　　E. 不同意

23. 你亲切待人，大家都愿意与你沟通吗？

A. 非常同意　　　　　B. 比较同意　　　C. 差不多

D. 一点同意　　　　　E. 不同意

24. 你相信自己的学习效率和学习能力吗？

A. 非常同意　　　　　B. 比较同意　　　C. 差不多

D. 一点同意　　　　　E. 不同意

测试结果的使用说明：

将题目的对应分数填入下方表格中算出总分，找到属于自己的性格特质。

支配型（D）	4	8	11	15	19	24	总分
影响型（I）	3	5	10	16	18	23	总分
稳健性（S）	2	7	12	14	20	22	总分
顺从型（C）	1	6	9	13	17	21	总分

注：表格中的数字代表序号。若你的某项特质远远高于其他三项，表明你明显具备这一典型特征；假若你有某两项分大大超过其他两项，那么说明你同时具备这两项特征。至于那些得分较低的特质，它们虽不占主导地位，却也为你的性格构成起到了辅助作用。

◇ 画一画

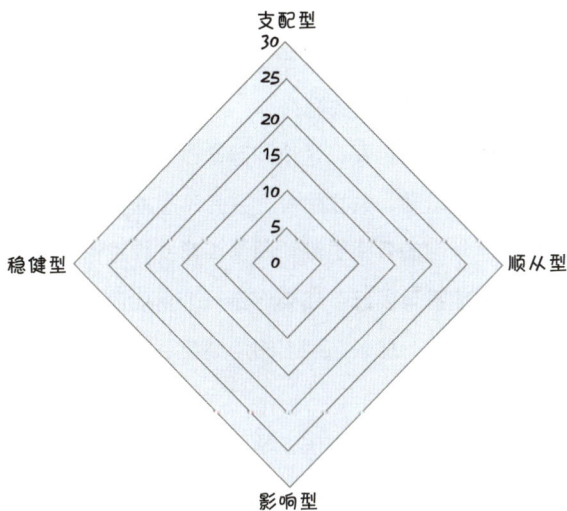

支配型得分：13分
影响型得分：25分
稳健型得分：16分
顺从型得分：24分

影响型+顺从型

支配型得分：17分
影响型得分：15分
稳健型得分：26分
顺从型得分：15分

稳健型

支配型得分：27分
影响型得分：20分
稳健型得分：15分
顺从型得分：19分

我竞争班长岂不是很有优势！

班长驾到！！

王

支配型（又称领导型）

　　同样是学习，有的人喜欢独自学习，有的人更喜欢结伴学习，你认为哪种方式更高效呢？

　　人们的性格各不相同，这个问题必然也有不同的答案。如果你是擅长自我激励、独立思考，并且不喜欢被打扰，那么对你来说，独自学习的效率更高。同伴经常找你讨论，很可能会让你感到不耐烦甚至愤怒。如果你是一个喜欢沟通、擅长对他人施加影响的人呢？那么与别人的沟通与互动反而提高了你的学习效率。

　　选择适合个人性格的方法，学习起来事半功倍。如果盲目听从别人的意见，采用了根本不适合自己的方法，自然效率低下，而且影响心态和人际关系。通过下表对应的性格特质，找到最适合自己的学习法吧。

性格类型	性格表现	最适合的学习法
支配型（D）	优点：爱冒险、有好胜心、有竞争力、果断、喜欢挑战； 缺点：脾气急躁、固执	自我激励、自我管理； 独立自主地学习； 减少外界干扰
影响型（I）	优点：乐观、自信、热情、擅长沟通、有说服力； 缺点：贪玩、不看重细节	适合互动、沟通多的学习氛围； 与同学、朋友结伴，在讨论与沟通中学习
稳健型（S）	优点：平和、避免冲突、耐心、认真、踏实、有条理； 缺点：缺乏目标、害怕新事物	制订计划，按照计划学习； 寻找学习榜样，模仿成功的例子
顺从型（C）	优点：追求完美、仔细、耐心、遵从他人意见、喜欢钻研细节； 缺点：行动慢	多方面搜集资料； 以阅读和思考为主

注意，四种性格特质没有任何高低好坏之分。根据测评，找到最适合你的方法，才是最重要的。

事实上，在我的学生时代，我并不了解 DISC 理论。因此，在早期我尝试了多种学习方法，不可避免地走了不少弯路，浪费了时间。但最终，我也发现了一些适合自己的学习方法。比如，每天制订详细的学习计划，并严格按计划执行。我还找到了一位学习伙伴，互相学习进步。我也热衷于阅读关于学习方法的书籍，从中获取灵感。这些方法正适合像我这样具有稳健型（S）和顺从型（C）性格特质的人。

🔨 相信自己，你可以更优秀

　　每当我遇到困难、面临挑战时，我的思绪总会不自觉地飘回到高考前的那一天：我悠然漫步于母校的长廊，看着长廊的墙上挂着的那句话："如果不逼自己一把，你永远不知道自己有多优秀。"这句话如同灯塔一般，照亮了我前行的道路。

　　事实证明，我做到了，2013 年高考，我以全省文科第三名的成绩考入了北大。学校长廊里那句话给予了高中时期的我巨大的力量、激励着我，这种激励也一直延续至今，成为我面对各种挑战时的重要支撑。

　　你要相信我们的潜能是一点点开发出来的，去努力，每天进步一点点，渐渐地，你会成为更好的自己。

你的潜力，超乎想象

　　我曾悉心指导一位学生，最终助力她成为了当年她所在省的高考状元。起初，她的目标只是一所家乡所在城市的 211 大学。然而我带了她一个暑假后，就发现了她的潜力，告诉她："我觉得你也可以上北大。你有信心吗？"

　　"老师，其实我心里的目标就是北大，但我以前不敢说出来，怕我考不好，反而被人笑话。"她说。

我告诉她："我相信你可以更优秀。如果你自己都不相信这个目标，就不要怪别人怀疑你的学习水平了。"

后来，她把"我要上北大"这句话贴在自己的卧室门口，让家里的每个人都看到了她的决心，最终不负众望，实现了北大梦。

也许你现在的学习正处于一个还算平稳的阶段，也像这位同学一样，不太敢说出更高的目标。但我相信你的内心一定有一个声音在呐喊："我不甘心！其实我觉我可以更优秀！"

那么，正视这个声音！相信自己的潜能！是的，你可以更优秀！

第2章

选对方向才能少走弯路

接水比赛

补齐短板
VS
加长长板

2.1 如果试卷会"说话"

考完后，当你领到自己的卷子，你会……

你知道吗？每一张做过的试卷都像一位病人，其中的错误就是病症的表征，而你则是那位负责"诊断和治疗疾病"的医生。病人的病情有轻有重，分数有好有坏，分数、错题就是反映在试卷上的直观指标。无论面对什么样的考试结果，我们都不可以扔掉试卷，而是要耐心地走近它，仔细地分析做错的题目，纠正错误的学习方向，为下次考试做好准备。

那么，我们的考试为何会丢分呢？表面上看，丢分的原因五花八门，难以捉摸。但实质上，它们都可以归纳为三类。

🔨 基础薄弱

✚ 试卷诊断书

⭐ **姓名：** 博博机

❤️ **性格：** 钢铁般的构造，使他拥有普通孩子所没有的稳定情绪。他机智冷静、忠实可靠，是班里的学习委员，也是跳跳虎和其他朋友的"指明灯"。

📖 **学习能力：** 作为机器人，拥有超强的学习能力，不过一旦遇到陌生的知识，就会发生短路，一筹莫展。

✚ 试卷分析

语文： "课内古诗词资料库"出现故障，默写错误。

数学： "数学公式"加载不出来，无法解题。

英语： "单词库"失灵，不认识单词，导致看不懂原文。

✚ 小剧场

《出师表》中叙述诸葛亮追随先帝驱驰的原因是：先帝不以臣卑鄙，猥自枉屈，三顾臣于草庐之中，咨臣以当世之事，由是感激，遂许先帝以驱驰。

检索中

检索结果：**无**

《出师表》中叙述诸葛亮追随先帝驱驰的原因是：

糟糕，没有列入数据库中，无法答题。

✚ 结论

基础薄弱。 可能是因为第一遍学习时没有掌握基本知识，出现学习漏洞，或者没有复习，导致遗忘。

✚ 诊疗建议

基础薄弱的问题，应迅速定位并逐一解决，确保在1~2天内夯实相关基础。

也就是说，哪个基础没记牢，就马上解决哪个基础问题。某个诗句写错了？那么就立即重温把这首诗背下来；不认识试卷上的单词？那就记到单词本上，当天进行学习和记忆；忘了某个数学公式？那应立即翻阅课本反复记忆。

基础薄弱的问题，就像是身体出现的一点小隐患，早点治疗，就能迅速恢复，但如果拖延下去，"小病"很可能就变成"大病"，难以应对。例如，当你的一个数学公式没记住，可能会导致对后续课程内容的理解产生障碍。

值得庆幸的是，大部分基础薄弱的问题都是可以通过短时间内的努力得到解决。因此，我们应该秉持"今日事今日毕"的原则，及时消除学习中的每一个小障碍。

🔨 技巧欠缺

✚ 试卷诊断书

⭐ 姓名： 鹰思思

❤ 性格： 班级的纪律守护者，是个注重细节、做事一丝不苟的"眼镜女孩"，规则意识强，不喜欢别人触犯规则。

📖 学习能力： 分数一直很稳定，基础题几乎都能拿满分，但不知为什么没有进一步的提高。

✚ 试卷分析

语文： 为写作特意积累好词好句，依然难下笔，也不出彩。

数学： 辛辛苦苦记公式，做题时却犯了难，该用哪个呢？

英语： 自以为读懂了文章，但选择时频频入坑，完美避开正确答案。

✚ 小剧场

803×797
=(800+3)(800-3)
=800²-3²
=640000-9
=639991

$a(bc)=(ab)c$ ......
$(a+b)(a-b)=a^2-b^2$

这么多公式应该用哪个?!

$C=(a+b)\times2$

$C=4a$ $ab=ba$

......

✚ 结论

缺乏技巧。在平时的学习中，死记硬背较多，主动思考较少。

✚ 诊疗建议

初期： 不求面面俱到，但求局部提升。先解决一个题型，掌握一种大招，去提高部分能力。

长期： 做好学习规划，把大问题拆分为一个个小问题，分步骤解决。

面对技巧欠缺的问题，就像是面对一个需要长期治疗的病人。这个病人可能同时需要调整饮食习惯、运动习惯、睡眠习惯等，为了避免吓跑病人，我们可以让病人从调整一项习惯开始，逐渐改善。

以解数学大题为例，做完一道大题往往需要运用多种数学模型和答题技巧，那么初期可以先掌握其中一种技巧。高中数学中的圆锥曲线，涵盖了椭圆、双曲线、抛物线三种类型，一口气把三种类型都学会，确实有难度，但我们可以选择先与其中一种类型"交朋友"，深入理解和练习，待熟练后再逐步扩展到其他类型。这样，既能保证学习的效果，又能减轻学习的压力。

这里只是给读者大致介绍一下方法，在第三章会对各学科的学习技巧做出更详细的讲述。

🔨 低级错误

✚ 试卷诊断书

⭐ **姓名：** 跳跳虎

❤️ **性格：** 阳光开朗大男孩，孩子王，虽然有时马马虎虎，但目标一经确立便会全力以赴。

📖 **学习能力：** 对知识保持着强烈的好奇心，有时因太过兴奋，读题不仔细，经常粗心大意。

✚ **试卷分析** 选择题：心里想的是A，鬼使神差选了B，犹豫不决。

填空题：原答案是对的，交卷前重新验算，改错了。

客观题：草稿纸的思路有三条，试卷上只写了两条。

✚ **小剧场**

在这个句子中"quietly"是副词，用来修饰动词"playing"，正确的填空选项是"quietly"。

The music is playing quitely (quiet).

语法 +ly ✓

单词 quite很多 quiet安静 ✗

✚ **结论** 低级错误。

✚ **诊疗建议** 平时多进行限时练习，模拟考试状态，提高做题速度。

草稿纸也要整整齐齐，干干净净，方便检查。

所谓犯低级错误，具体表现为：脑子好像突然空白、失灵了，原本会做的题，偏偏就做错了。这无疑是考试中最令人懊恼的失误。以前我也发生过这样的事，明明都算出答案了，偏偏在誊抄答案时写错了。后来成绩下来看到考试卷的时候，那种懊悔和沮丧的感觉，让我真真切切地哭了一场。

如何防止"低级错误"频繁出现呢？表面上看来，只要多检查、尽量细心就好了。但很多同学都表示，自己也想多次检查，也尽量细心，但是考试中没有那么多的检查时间，而且有时候检查不出这些问题。

所以，为了从根本上解决这类"低级错误"，我们需要在平时就提高做题速度。一个有效的方法：在日常练习中，限定练习的时间，模拟考试的状态。比如为自己设定一个目标，在 30 分钟内做完 10 道题，在此期间不分神、不看答案、不与任何人交流。

另外，草稿纸的使用也是有技巧的。下面两张草稿纸，你认为哪一张更有可能导致"低级错误"呢？

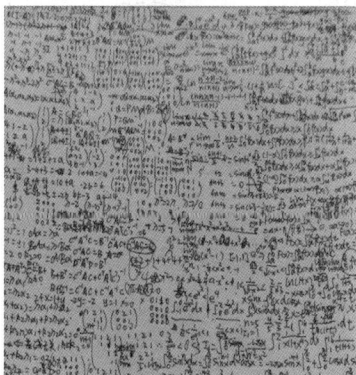

毫无疑问，第二张草稿纸清晰多了，无论是演算思路，还是誊抄答案时都很方便。反观第一张图片，密密麻麻，主次不

分，就算知道某道题算错了，也看不出来到底错在哪一步。所以，**草稿纸需要做到：能稀疏就稀疏，能标清题号就标清题号，题与题之间一定要分行或者分栏。**

🔨 时间"四象限"法

美国著名管理学家史蒂芬·柯维提出过一个时间管理理论：时间"四象限"法。

如果同时有基础薄弱、技巧欠缺、低级错误等问题，该优先处理哪个问题呢？此时我们可以用时间"四象限"法中的两个维度去评判问题。第一个维度：重要性。根据重要性与否，问题可以分为重要和不重要两大类。第二个维度：紧急性。按照这个维度，问题可以分为紧急和不紧急两类。

结合这两个维度，就可以将事情分为四个"象限"：既紧急又重要、重要但不紧急、紧急但不重要、既不紧急也不重要。

　　象限分析法可以帮助你梳理问题类型，确定优先级。它还告诉我们：投入更多资源在"重要＋不紧急"的事情上面，这样能最大可能地保证自己做正确的事，有针对性地解决根本问题。

拯救偏科大作战

🔨 加长长板重要，还是补齐短板重要

　　偏科，是学习中的常见现象，很多学生都会有自己擅长和不擅长的科目。而人们的行为偏好受成就动机影响，天然地更喜欢成绩高的学科，排斥自己考不好的学科，于是把更多精力放在自己的长板上，不愿意花时间去补齐短板。

　　但其实，只要简单地算一下学习"性价比"，就会发现：**补齐短板，比加长长板更重要**。要不然，偏科问题越来越严重，总成绩难以提高。

补齐短板≠加长长板

　　我曾指导过一位学生，她起初怀揣着出国深造的梦想，从小便刻苦学习英语，却对其他学科有所忽视。高二时，她的英语成绩就稳定保持在 135 分以上，然而，语文成绩只有 90 多分，数学成绩更是从未突破 70 分！可见数学是她很明显的短板。

　　那么，为了早日提高总成绩，她应该继续攻读英语，还是加强学习数学呢？答案无疑是后者，从 60 多分提高到 90 分及格线，只要补齐数学基础就好。因为从卷面设置上来看，70%的题目都是简单题，只要理解了基础内容，拿到这些题目的分数真的不难，也不会消耗太多时间。相反，若要把英语分数

从 135 分提高到 150 分，就必须解决最难的一批题目，难度激增，耗时耗力。即使付出巨大努力达到满分，也仅提高了 15 分而已。

因此，补齐短板的性价比要远胜于加长长板。更值得一提的是，一旦某个学科的短板得到弥补，其提升空间将更为广阔。若该学科成绩从 60 多分提高到了 90 分，那么接下来就有可能进一步从 90 分提高到 110 分、135 分。当所有学科都达到均衡水平时，我们的总成绩将会有一个质的飞跃。

🔨 偏科，不是你的错

偏科问题会严重影响我们的总成绩，因而令许多人谈及色变。但请你记住，偏科不是你的错，不必为此感到羞愧或悔恨。它更多是由于学习问题未及时解决而导致的，并不是你的主观错误。

偏科为何产生？根据我对学生的调查，主要有三个原因：

（1）天然的倾向性

有人钟爱数理，有人偏爱文史。天然的倾向性会让我们更加喜欢某个学科，从而起到一种"加长长板"的作用，但不至于让我们厌恶其他学科。所以我们完全可以坦然接受自己对某个学科的偏爱，比如我热爱阅读和写作，语文成绩自然会更好。只要不影响其他学科，便不是问题。

（2）成绩落后引发的畏惧心理

初中我刚开始接触物理时，由于未能理解前几章节的内容，我的物理成绩一度很差。这种挫败感让我开始怀疑自己的能力，并对物理产生了恐惧，甚至转为了厌恶，使物理成为了我学习上的短板。为此我还疏远了身为物理老师的叔叔，令人哭笑不得。

（3）任课老师的影响

尽管老师们经常会说这句话"学习是给自己学的，不是给老师学的"，来提醒我们学习的根本目的是为了自己的成长和进步，而非迎合老师或应付考试，但不可置否，老师的态度对我们的学习影响确实非常大。曾经我有一位很喜欢的历史老师，她的鼓励让我对历史产生了浓厚的兴趣，历史成绩也有了很大的提高。但我的朋友恰好相反，他的化学成绩原本非常好，但由于和化学老师产生了矛盾，所以他故意不肯好好学习化学，导致成绩一落千丈。

🔨 解决偏科问题，发现学科之美

（1）解除心理暗示，摆脱焦虑

根据四川省教育考试院相关部门对成都部分初三学子的调查，发现高达 77.4% 的学生坦言自己存在偏科现象，其中不乏 25.4% 的学生认为自己"偏科问题显著"。调查中只有不到四分之一的学生信心满满，认为自己目前没有偏科。面对如此普遍的现象，或许我们应该重新审视其背后的意义。

偏科，真的是那么可怕的存在吗？回顾之前的分析，偏科往往源于一系列客观环境因素。当偏科问题出现时，很多人容易产生"我就是学不会这一科"的消极心理暗示，这无疑会加剧我们的焦虑：越觉得自己不会，越是学不好该学科。但其实，偏科就是学习某阶段中大概率会出现的正常现象。你可以把"偏科现象"当作是一个迟早会来拜访你的朋友，和它打个招呼问声好。

（2）制订单一、简单的学习任务

弥补弱势学科，需要耐心和坚持。好处在于，在弱势学科上取得的任何一点进步，都具有"高性价比"。你可能只是多学会了一个公式，就能在选择题上多拿 5 分。所以，没必要好高骛远、急于求成，幻想瞬间将弱势化为优势。每次学习弱势学科时，只需为自己设定一个明确且单一的小任务。比如，每次学习时只需深入理解一个复杂句型的翻译，或牢记一个关键的化学方程式就好。

以前我曾指导过一个作文基础特别差的孩子。不夸张地说，刚看到他写的作文时，我真的很想给他打零分。但幸运的是，他的家长并没有急于求成，非常理智，并表示："老师，您每节课只教会他一个'点'就行，不管这个'点'有多小，只要有一点点进步就行，短时间作文成绩没有提高也没有关系。"

确实，这个孩子因为对写作文的畏惧，在课堂上老师让写作文时往往不知所措。所以在每次课前，我都会明确告诉他本节课唯一的目标是什么。例如，这节课的任务就是跟着我仿写一句话，再无其他。这样，他可以以一种放松的心态来完成任务。慢慢地，他开始主动要求增加任务和难度，写作水平已在不知不觉中得到了提升。

从单一、简单的学习任务开始，每次进步一点点，弱势终究会被弥补。

（3）用已有优势和兴趣，培养对弱科的兴趣

如果学习中有"弱科"，那么应该也有相对优势的学科，我们可以利用自己喜欢的优势学科知识，去弥补弱势学科上的不足。其实很多学科之间一直都是有关联的，如今"跨学科学习"也已经成为一种趋势。

以前我教过的高中班级里有一位男生，写作文常常空洞无物，分数一直很低，这导致他自己很不喜欢语文。后来我发现他非常喜欢军事历史，对各种战役、将领都如数家珍。我告诉他，其实他早就掌握了一座巨大的写作素材宝库，并鼓励他去挖掘其中蕴含的各种写作主题。在我的启发下，这位男生如梦初醒，开始利用他在军事历史方面的积累作为素材进行创作，写出的文章多次让我这个语文老师眼前一亮。偏科问题，由此迎刃而解。

小试牛刀 »»»

（2023-新课标Ⅰ卷）阅读下面的文字，按要求写作。

好的故事，可以帮我们更好地表达和沟通，可以触动心灵、启迪智慧；好的故事，可以改变一个人的命运，可以展现一个民族的形象……故事是有力量的。

以上材料引发了你怎样的联想和思考？请写一篇文章。

审题点拨：很多考生在看到这道高考作文题时，都会感到迷茫。但当你仔细审题就会发现，材料的主题词是"故事"，切合了"讲好中国故事"的热点。选择议论文素材时，只要素材是"中国好故事"，就都符合题目要求。

以这位"军事迷"学生为参考，他积累了许多军事领域的中国好故事：

古代军事故事：

– 霍去病封狼居胥：西汉时期，霍去病多次率军抗击匈奴。在漠北之战中，霍去病率领汉军长途奔袭，深入匈奴腹地，与匈奴主力展开决战，大破匈奴军队，一直追击到狼居胥山。霍去病在狼居胥山举行了祭天封礼，彰显了大汉的国威和军威，此役使匈奴远遁。

当代军事故事：

– 也门撤侨：2015年，也门局势动荡，战火纷飞。中国海军舰艇编队紧急奔赴也门，执行撤离中国公民的任务。在撤侨过程中，中国海军陆战队迅速行动，安全撤离了大量中国公民和部分外国公民，展现了中国军队强大的应急处置能力和对海外公民的保护决心，赢得了国内外的广泛赞誉，彰显了中国的大国担当和人道主义精神。

素材练习：

①好的故事宛如一面镜子，清晰映照出一个民族的精神形象。西汉名将霍去病，在漠北之战中，宛如一柄利刃，直插匈奴腹地。他率汉军长途奔袭，以锐不可当之势大破匈奴，于狼居胥山举行祭天封礼，彰显大汉天威。这一故事是刻在民族记忆深处的不朽丰碑，是独属于中国人的激昂篇章。它承载着先辈的热血豪情，让我们永志难忘，激励着一代又一代中华儿女奋勇前行。

②好的故事是民族的旗帜，在风云变幻中高高飘扬，让中华儿女热血沸腾。2015 年，也门深陷战火，局势千钧一发。彼时，中国海军舰艇编队宛如高举旗帜的先锋，风驰电掣般奔赴。他们争分夺秒，以无畏之姿，将大批中国公民与部分外国友人安全撤离。这不仅仅是一次短暂的行动，更是永远飘扬在我们心中的一面旗帜。中国的大国担当，如旗帜上闪耀的光芒，触动世界人民的心灵，书写震撼人心的时代传奇。

不知道这样的思路对你是否有启发？相信在你感兴趣的那些故事、新闻中，也必然会有中国好故事。

（4）利用成就动机，在进步中爱上弱势学科

美国哈佛大学教授戴维·麦克利兰曾经提出，成就动机是人类三大动机之一。他强调，成就的驱动力远非仅限于物质回报，大部分人都会想要追求更大的成功，有着追求解决难题、努力奋斗的渴望，以及对个人成就的深深向往。

我在前文提到过，初中时的物理学习让我倍感压力，每次进考场都非常忐忑。所以，上高中后，我不想重蹈覆辙，下定决心要以全新的姿态迎接高中物理的挑战。除了遵守认真听课和完成作业等常规要求外，我不会再像以前那样不懂装懂，而

是会主动在课后找物理老师答疑解惑。这样的学习方式使我能够清晰感受到自己的每一点进步。最终在短短 2 个月的时间里，困扰我多年的物理偏科问题就解决了。更令我欣喜的是，渐渐地，对于物理的学习，我从讨厌转变为接受，甚至越来越着迷。

其实，学习的过程可以看作是一种闯关游戏。第一遍没学会？很正常，就当是遇到困难关卡，不必气馁，再学一遍！最终我们会披荆斩棘，抵达终点，发现"宝藏"。不过，这个"宝藏"并不是某种具体的物质奖励，而是奋斗后得到的成功本身，它会给我们带来巨大的"爽感"！相信我，你绝对会爱上这种感觉。

我们应该充分利用自己的成就动机，将每一次在弱势科目上的进步视为前进的动力，不断激励自己，勇往直前。

2.3 根据自身优势，分配学习资源

　　每个人都有自己独特的优势。根据我对数万名学生的分析研究，我总结出来与学习有关的三种优势。利用好自己的优势，学习效率才能事半功倍。

🔨 天赋优势

（1）记忆优势

赋得古原草送别
〔唐〕白居易

离离原上草，　一岁一枯荣。
野火烧不尽，　春风吹又生。
远芳侵古道，　晴翠接荒城。
又送王孙去，　萋萋满别情。

　　白居易的诗词以通俗易懂、情感真挚而著称，在我们的学习生涯中始终占据着一席之地，深受学生的青睐。但你知道吗？白居易的诗词还因其善用典故而闻名。《赋得古原草送别》

就巧妙地化用了《楚辞》中的典故"王孙游兮不归，春草生兮萋萋"，以此来抒发送别时的离愁别绪。他能有此成就的原因，其实在读书时期就已显露端倪。白居易自幼就勤学苦读，背诵了大量经典文献，为他日后的诗歌创作打下了坚实的基础。

那么，你是否也如同白居易一般，对那些绘声绘色的故事充满兴趣，并且能清楚记得课堂上所学的文字呢？若是如此，你更适宜充分发挥你的记忆优势，深入学习语文、历史等人文社科方向，通过背诵、记忆来巩固学科基础，记忆的内容也可以成为源源不断的作文素材。不妨在这些学科上投入更多的学习时间，让记忆成为你学习路上的得力助手。

回想起我的学生时代，每天最珍惜的时光莫过于清晨的早读课。那段时间里，我充分利用自己的记忆优势，专心致志地背诵各类知识点。最终我能取得高考文科全省第三名的成绩，记忆优势堪称是最大功臣。

（2）计算优势

如果你在计算方面有优势，有两个标准可以衡量：第一，准；第二，快。

如果你在计算时又准又快，那么建议你在理科科目的基础题和中等难度题目上多花时间，以充分发挥你的优势。

不过我猜你可能会问：如果自己只有"一半"计算优势怎么办呢？

其实，很多学生在做计算题时，速度可以达到"快"，但时不时会跳出一些粗心导致的计算失误。这还能算优势吗？当然！虽然出现了一些问题，但并不代表我们不可以朝这个方向继续进步。

如果你计算比较快，那么提前完成题目后，可以把剩下的

速算口诀：

1. 凑整法

口诀：数字凑整加括号

例：54+37=91

54+37=（50+4）+（30+7）=50+30+4+7=91

2. 101 乘以任意两位数

口诀：两位数写两遍

例：101×35=3535

3. 个位数都是 1 的两位数相乘

口诀：头乘头，头加头，尾是 1

例：31×21=651

3×2=6，3+2=5

4. 任意数乘以 5

口诀：前数一半乘 10

例：47×5=235

47÷2=23.5，23.5×10=235

5. 任意数除以 5

口诀：前数的 2 倍除以 10

例：47÷5=9.4

47×2=94，94÷10=9.4

……

时间拿来检验一遍；或者，可以利用速度优势，让自己有时间多审几遍题目，或者认真誊抄草稿纸等。这些方法，都可以降低计算失误率。

如果你计算准确率很高，但速度很慢，考试时势必会影响做题，更别说检查了。那么你可以每天坚持"练速度"，要求自己必须在限定时间内完成若干道题目练习。口算是笔算的基础，也要尽可能地练习口算能力。在茶余饭后的碎片时间，都可以快速开启口算练习。另外，如果能有针对性地积累一些速算公式、技巧、口诀，也能帮助解决速度慢的问题。

（3）模仿优势

我国著名作家余华谈到自己的创作经验时，曾经这么总结："我的经验是，在学习写作的初期，不要回避模仿，不要怕模仿，应该在大量的模仿的过程当中，形成自己对语言的感受。你今天模仿了鲁迅的文章，明天模仿了高尔基的文章，后天你又模仿了一个当代作家的文章，这就是掌握了对汉语的语感的把握。我们只有在掌握了语感的基础上，才可以让我们头脑里存有大量的词汇，再赋以你自己的感情色彩，就可以形成具有你自己独特风格的文学语言了。"

模仿不是抄袭，而是学习的必要历程，也是创新的基础。学习的历程就是"观察——模仿——创新"。

如果你善于观察和模仿，其实也说明你是一个善于学习的人。

找到你最敬佩的一至两位同学，观察并模仿他们的学习习惯；同时，针对各科目的学习，分别找到该科目成绩最突出的同学，模仿他们的答题思路和方法。

初中有一段时间，我的作文分数不够高，于是盯上了全班作文得分最高的一个同学。每次考试结束后，我就借走她的语文答题卷，分析研究，然后模仿她的写作结构、遣词造句、作文素材等。有时候，甚至她自己都忘了曾经写过什么内容，我却能脱口而出。

我的作文分数第一次大幅度提高，就是从模仿开始的。

（4）精力优势

精力优势的核心在于最大化地发挥个人的专注力，尽可能在最长的时间内维持饱满的学习精力。

我一直记得高中班级的班长，他和我的学习方法有所不同，但也同样考进了北大。上学时我就发现，在自由活动时间里，他从来不会花时间去"多学"，而是会痛痛快快地踢球，每天看似比我少学了一段时间，但最终学习效果却与我难分伯仲。

如果把人比作一块电池，充分的体育锻炼就是充电的过程，看似"浪费"了时间，实际让他接下来的学习精力满满、效率更高。

后来，我也开始每天坚持跑步，尽量提高自己的精力优势。

不过，人的精力是会随时间变化的，通常在睡醒后的半小时至两小时内最为充沛，所以建议在早晨多去完成一些比较复杂的学习任务。此外，保持健康的作息习惯、劳逸结合、适当锻炼等也是维持和提升精力优势的关键。

>>> 你认为你拥有哪些天赋？

>>> 你能通过训练习得哪些能力？

思维优势

（1）分析与总结思维

用通俗的话来说，分析思维就是能够理解"为什么"，总结思维就是能"找规律"。

如果你能理解答案，搞清楚"为什么"，便是分析思维的体现；接着，当你完成了几道相同类型的题目后，能够自主概括出其中的共同之处和规律，这便是总结思维的展现。

分析与总结思维优势能提高我们学习的上限，若你十分擅长分析与总结，建议定期对各科进行分析和总结，能更好地了解自身对一个学期的掌握情况。小学阶段、初一和初二、高一和高二的同学，每周进行一次全科的分析与总结是非常有益的。而对于即将面临中考或高考的初三或高三的同学，建议每天都留出一定时间，对所学内容进行回顾和总结。

读一读下面的三句话，判断：下列句子有语病吗？如果有，请找出语病，并改正。

1.我们讨论和听取了这份报告。

2.努力学习才能提高和培养学习水平。

3.课余时间，我喜欢阅读报纸、杂志和一切出版物。

先公布一下答案：三个句子都是常考的病句辨析题。

1."讨论""听取"两个动词语序颠倒，正确语句为：

我们听取和讨论了这份报告。

2."培养"与"水平"搭配不当，去掉"和培养"，正确语句为：

努力学习才能提高学习水平。

3."报纸、杂志和一切出版物"内容重复，去掉"和一切出版物"或"报纸、杂志和"，正确语句为：

课余时间，我喜欢阅读报纸、杂志。

课余时间，我喜欢阅读一切出版物。

我相信大部分同学都能看懂答案。但是，拥有分析与总结思维的同学，应该不仅仅满足于看懂几个小题目的答案，而是要试着去找规律：每个病句都有一个字——"和"。

一旦句子里出现"和"这个字，这个句子是病句的概率就会大幅上升。

这就是病句辨析题的一条规律。

（2）空间思维

你的方向感如何？是否听到别人夸奖过你方向感真好，或者你的地理成绩比较突出。确实，对于地理的学习，空间思维能力强的人具有得天独厚的优势。这些人的脑海中很容易构建出一个"虚拟地球仪"，帮助自己更好地理解和记忆区域地理知识。但空间思维的应用不止如此。

空间思维对于解决数理化中的几何、空间类难题有着独到的作用。具有空间思维优势的人，能够在大脑中灵活转化立体、平面、线、点的形态。

当他看到下面的题目时，甚至能在脑海中模拟出展开图变成正方体的动态变化过程，自然能轻松解决题目。

如果你具备空间思维优势，可以多去攻克几何类题目。在做一些计算类题目时，也多运用自己的空间思维天赋，多尝试数形结合的方法，让计算更有效率。

比较遗憾的是，我个人并不具备空间思维优势。同样的几

💡 **小 试 牛 刀** »

将如图所示的几何体展开图沿虚线折成一个正方体（不允许剪开），与"建"字相对面上的汉字是（　　）

A. 生　　　　　B. 态

C. 家　　　　　D. 园

答案：C

何证明题，具有空间思维优势的同学可能只需要看一眼就知道该如何做辅助线，从什么角度去完成证明，但我却经常无从下手。那应该如何解决呢？

当时，我用自身的优势去进行弥补了。虽然我没有空间思维方面的优势，但相对地，我具备分析与总结思维的优势。于是，我在笔记本上分析了所有常考的几何模型，总结了所有辅助线类型。这样的"笨办法"虽然要花一些时间，但也帮助我解决了难题，这也是好办法。

（3）辩证与发展的思维

任何事物都是对立统一、不断变化的，要用发展的眼光看问题。辩证与发展的思维，不仅仅能帮我们解决一些具体的学科难点，更能用来调节我们的学习心态。

"祸兮，福之所倚；福兮，祸之所伏。"——《道德经》

得到的未必是福
失去的未必是祸

就如老子的话，告诉我们福与祸之间常常存在着微妙的关联，一个事物的看似好处可能隐藏着坏处；相反地，坏处中也可能蕴含着好处。这句话鼓励我们以开放的心态看待人生的起伏和变化，不要过分把握福祸的标准。

在临近重要考试时，许多同学都会对可能出现的错误感到担忧。如果在某场模拟考试出现了重大失误，更是会情绪崩溃。但如果你用辩证与发展的思维去看：考试前出现的问题越多，就越有机会堵上学习漏洞，查漏补缺。这样的思维能让自己的心态变得平和积极，对考试复习是非常有益的。

高考前，我参加了全市的模拟考，但万万没想到，我竟然忘记涂语文答题卷上的选择题。那次我的考试成绩非常差，语文老师都要气哭了，但我却心里很平静，甚至暗暗高兴。因为我知道，如此深刻的教训，我在高考考场上肯定不会再犯。这就是辩证与发展的思维。

培养辩证与发展的思维并不难，学会遇到暂时难以解决的问题时换个角度去看问题，这就是在培养辩证与发展的思维，相信这种思维能力会成为我们学习路上的得力助手。

>>> 你认为你拥有哪些思维优势？

>>> 你想培养何种思维优势？

🔨 习惯优势

（1）一丝不苟

做事一丝不苟的同学，对于学习数理这样的计算类学科有着得天独厚的优势。他们的细心不仅有助于减少错误，更能在考前复习和考试检查阶段发挥重要作用，以确保答题的准确性和完整性。

检查完
再交卷

（2）执行力强

对于执行力强的同学来说，虽然他们可能不擅长主动设定目标，但一旦目标或计划确定，他们便会坚定不移地执行。为了进一步提升这种能力，建议他们积极寻求外部帮助，引入外部监督，给予更正确的引导。

很多同学其实对待作业往往能准时完成，但之后呢？很多人都会陷入不知道该做什么的迷茫状态中。我曾教过这样的学生：没有计划性，但是执行力强。

为了发挥"执行力高"的优势，我根据她的实际学习水平、能力和时间，给她制订了一份假期计划。她执行得很好，每天都会向我汇报完成情况。开学后，她的成绩从班级第十六名进步到第四名。

在分享学习经验时，她表示："有了计划，我就知道自己每天应该先做什么，后做什么。这种感觉让我感到非常踏实，不知不觉就完成了所有学习计划。"

（3）敢于提问

不 耻 下 问

原意是不把向学问、地位等不如自己的人请教当成
可耻的事，形容谦虚、好学，出自《论语·公冶长》

"提问"也是人人都可以习得的优势。古人云："非学无以致疑，非问无以广识。"勇敢地迈出提问的第一步，提问就会变得越来越容易。在学习中，无论是关于具体学科的知识，还是关于心态、经历等方面的问题，都可以向老师、同学或家长寻求解答。

孔子第一次进鲁国太庙时，看到任何没见过的器

物或礼仪，都一一提问。有人因此讥笑他，他也不以为意。即使他了解学习过很多"礼"的知识了，但对于没接触过的事物，不知道就是不知道。不知道就提问，提问了，自然就学到了。这就是学习，没有必要为此羞耻。这就是"子入太庙，每事问"的典故。

孔子也不是全能的，也会遇到问题，他的真正的智慧在于遇到问题敢于提问、善于学习。让我们也向孔子学习，遇到问题不要害怕，勇敢说出来！

（4）搜集资源

信息时代，搜集资源能力已成为每个人的一项基本技能，只要想搜、会搜，就能轻松获取所需的学习资源。

若你想要了解最新的考试真题，直接在网上输入"×× 年 ×× 地 ×× 学科真题卷"，就可以看到最新的真题、答案以及

>>> 你认为你拥有哪些好的习惯？

>>> 你还想培养哪种习惯？

解读；如果作文开头写不好，可以去网上搜各种优秀开头，也可以搜集优秀作文范例，学习那些高分作文的词句；如果担心自己对考试准备不足，可以去网上了解备考攻略，也可以问问一些过来人……只要有心，学习资源无处不在。

学会拆分，让学习事半功倍

学科知识的拆分法则

当你看到一辆精心搭建的积木列车，你是否知道它的拼搭步骤？如果让你来搭建，你知道如何亲手搭建吗？首先，你要学会将列车拆解成一个个独立的车厢，但这仅仅是开始，真正的挑战在进一步地深入拆解，直至能够掌握每个搭建环节的精髓。

其实，学习的旅程与积木搭建的这一过程颇为相似。现成的知识体系就像是那辆完整的积木列车，而考试则是对我们搭建成果的阶段性考查。

如果你渴望在考试中脱颖而出，取得优异的成绩，那么，

就让我们借鉴积木列车拆解的智慧，将学科知识逐一拆解，以便我们能更加精准地把握每一个学习要点。

🔨 知识组块

芭芭拉·奥克利在《学习之道》一书中写道，知识组块就是根据知识的意义，将信息碎片组合成一个有意义的、便于记忆的合集。

在学习中，我们要梳理知识体系，寻找知识点之间的规律，把相互关联的知识加工为一个便于记忆的整体，从而形成知识组块。

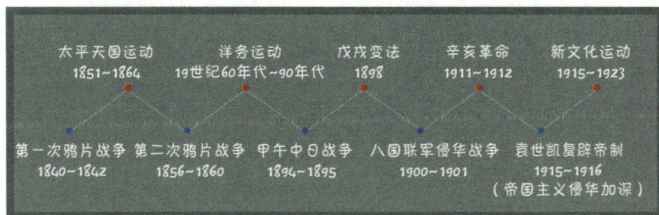

为什么要用知识组块的方法来学习呢？

以历史学科为例，中国近代史有许多重要事件。这些重要事件的发生时间、顺序、原因、影响等知识点该如何记忆？这时候知识组块就派上了用场，从上面这张近代史事件图我们可以看出什么规律呢？

首先，中国近代史可以分为中国人民受侵略的屈辱史（蓝色）、国人的抗争与探索救国史（红色）两条线。此外，国人的抗争和探索是不断深入的，以洋务运动为例（见下图），知识组块将时间线的前后的重大事件的时间、原因、结果紧紧联系在一起。

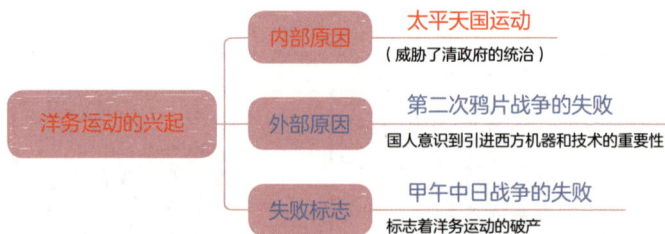

	内部原因	太平天国运动（威胁了清政府的统治）
洋务运动的兴起	外部原因	第二次鸦片战争的失败 国人意识到引进西方机器和技术的重要性
	失败标志	甲午中日战争的失败 标志着洋务运动的破产

相比死记硬背，通过知识组块找到内部规律，会简化知识点的背诵难度。

知识组块的记忆优势：

第一，**避免死记硬背，提高记忆效率**。就如这个历史知识组块，包含 10 个重大历史事件，若只知道死记硬背，难以看出联系，背得慢，也容易忘。然而，现在有了知识组块，就可以一次性记住整个图表的信息。

第二，**梳理知识体系，应对考试难题**。任何一张试卷要考查的内容，都不会仅仅停留在对知识点的简单记忆上，更多考查的是对知识体系的理解和学科思维的掌握。搭建知识组块可以帮助我们深入理解学习规律，把握知识的内在联系。

第三，**便于查漏补缺，为后期复习做好充分准备**。就如积木列车一般，知识点就是一块块积木，正确的组合就像由知识组块组成的车厢，当积木散落一地，我们很难判断是否有遗漏；但如果是一节节的车厢，只需简单地数一数就能知道数量是否正确。随着学习的深入，知识点会越来越多，只有将它们整合成一个个知识组块，构建成完整的知识体系，我们才能更容易地发现学习中的漏洞，从而解决失分问题。

那么，如何有效地拆分和构建这些知识组块呢？我总结了两个通用的策略。

🔨 拆分试卷，把握重点

真题试卷如同"已经搭建好的积木列车"，通过深入拆分真题，才能准确把握考试的重点和难点，更有效地进行备考。你是否听过这样一个关于学习的笑话："学了的都不考，考了的都没学。"这无疑揭示了众多学子心中的无奈和心酸。既然我们都不希望遭遇这样的困境，为何不从源头出发，学会如何拆分试卷呢？

拆分真题试卷并不难，主要分三步

1. 确定真题试卷：找到学习阶段相对应学科的真题卷。（最好是期末卷、中考卷或高考卷）

2. 标注考点：对真题卷中每一道小题的考查点进行详细的标注。

3. 考点标签的整合与分类：最后将标签进行分类和合并，形成知识组块。

2023年山东省青岛市中考数学试卷

一、选择题（本大题共10小题，每小题3分，共30分）

1.（3分）生活中有许多对称美的图形，下列是中心对称图形但不是轴对称图形的是（　　）

A.　　　　B.

C.　　　　D.

2.（3分）$\frac{1}{7}$的相反数是（　　）

A. $-\frac{1}{7}$　　B. $\frac{1}{7}$　　C. -7　　D. 7

3.（3分）一个正方体截去四分之一，得到如图所示的几何体，其左视图是（　　）

A.　　B.　　C.　　D.

考点：
轴对称

考点：
相反数

考点：
文体几何

知识组块：
数与式

知识组块：
几何图形

拆分真题试卷时需要注意以下两点：

1. 全面分析近3年的试卷： 每张试卷所能涵盖的知识组块数量有限，所以至少要拆分近3年的试卷。哪些知识组块在考卷中频繁出现，说明哪些知识组块越重要。

2. 进行有策略的复习： 在考前时间紧迫的情况下，就要权衡各个知识组块的"性价比"了。对于分值不高且难度较大的知识组块，果断放弃也不失为一种策略；而对于比较简单且容易掌握的知识组块，就要保证拿分。

拆分真题试卷无疑是学习过程的核心重点。将题目巧妙地拆分为各种知识组块，不仅能帮助我们精准"把握重点"，还能有效规避"考的不会，会的不考"的尴尬局面。通过这一策略，我们能够避免做无用功，将有限的精力集中在那些最能提升分数的知识组块上。

我本人曾有过一个反面例子。当时，河南中考语文试卷会专门考查易错字音。后来，我上了高一，就仿照初中时的习惯，花了很多时间记那些易错字音，自认为快人一步。然而当我偶然拿到近两年语文高考卷，才知道高考根本不会把易错字音作为考点。回想起白白浪费的心血，我痛定思痛，在高一下学期就开始研究往年的高考试卷，不求把题做对，只求把握考查重点，让学习更有针对性，这样也更容易获得成就感。

🔨 拆分教材，查漏补缺

其实，打开教材的目录，你会发现二级目录已经为我们提供了现成的知识组块。相比于拆分试卷，这个方法更简单。同时，教材目录所涵盖的知识组块更为全面，更适合刚入门的学生；不过，不足之处在于无法直接体现内容的重点。

拆分试卷和拆分教材这两种方法并非相互排斥，而是根据不同学习阶段和学科特点所做的不同选择。

（1）理科学习

首先，对于数学、物理、化学等理科类学科，教材目录往往非常清晰。在初、高中的早期学习阶段，在掌握的知识点尚未全面时，学生可能难以理解真题试卷上的陌生题目，自然难以准确地拆分高考试卷的知识组块。这个阶段，更为实际的选择是通过**拆分教材**来获取知识组块，全面巩固基础。

但是，到了初三、高三的备考阶段，则需要有所调整。初期，我们既要拆分真题试卷来把握考点，也要拆分教材，确保做好全面的一轮复习。到了中期，随着复习的深入，拆分真题试卷进行重点突破和强化训练变得更为重要。最后，考前的一两周时间里，考生往往心情焦躁，感觉自己好像都复习过了，又担心遗漏了某些知识点。这个时候，回归教材，既是做好最后的查漏补缺，也能让心态平静下来。

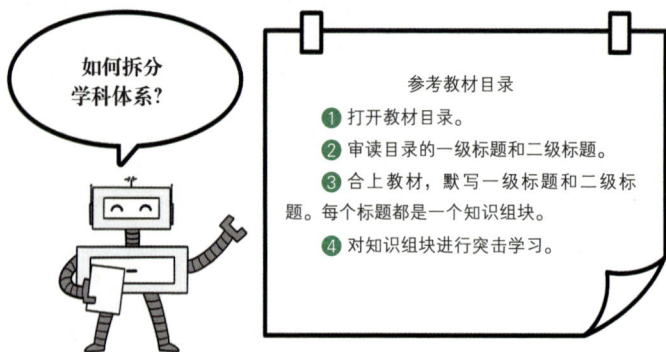

如何拆分
学科体系？

参考教材目录

❶ 打开教材目录。

❷ 审读目录的一级标题和二级标题。

❸ 合上教材，默写一级标题和二级标题。每个标题都是一个知识组块。

❹ 对知识组块进行突击学习。

（2）文科学习

说完理科，再来看看文科类学科，如语文、英语、历史等。大部分的教材目录往往以课文的标题为主，所以很难从目录里拆分出知识组块。

所以，对于文科类的学习，我们可以早点着手进行真题试卷的拆分。这不仅适合复习冲刺的学生，对刚入门的学生也很"友好"，即使高一的学生也能看懂高考试卷的题目。虽然不经过训练去做题可能会丢分，但只要理解题目所问，学生便能据此拆分出知识组块，进而进行有针对性的学习和复习。

我们可以用以下内容做个巩固小练习。

💡 小试牛刀 »

文中有三个叠形式"处处、微微、早早"，说说它们和"处、微、早"相比，语意上各自有什么不同。（3分）
（　　）

对文学作品来说，标点标示的停顿，有时很有表现力。文中有两处画横线部分，请任选一处，分析其中的逗号是怎样增强表现力的。（4分）　　（　　）

下列语言文字运用，都有"像……似的"，说说二者表意上的不同。（3分）　　（　　）

（1）不过我们也不能过于依赖互联网，像互联网可以解决所有问题似的。

（2）使他全身像洗冷水澡似的一哆嗦，一痛快。

答案：
赏析
标点符号的作用
句了理解

学科规划与拆分

每门学科都有其自身独有的特点，所以，针对不同学科、不同的学习阶段，规划与拆分策略也需"因地制宜"。接下来，我们将紧密结合语文、数学和英语这三门核心学科的考试方向，来详细探讨其各自的拆分策略与方法。

🔨 语文：试卷拆分，高效提分

语文主要考察四个领域：基础、古诗文、阅读、写作。 每个领域均可拆分为若干知识组块。

主要拆分方法有两种：

（1）按主题拆分

古诗文和写作部分都可以按主题分类。 比如，古诗中有思乡情怀、送别之意的主题；写作有成长、想象类的主题。同一

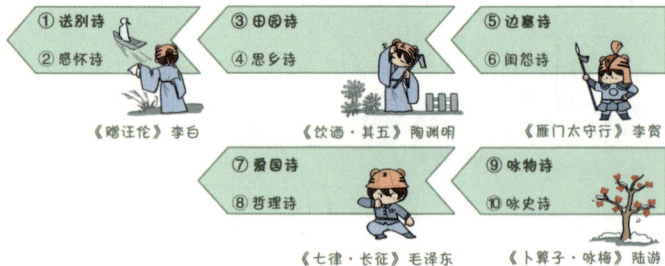

① 送别诗　② 怨怀诗　③ 田园诗　④ 思乡诗　⑤ 边塞诗　⑥ 闺怨诗
《赠汪伦》李白　　《饮酒·其五》陶渊明　　《雁门太守行》李贺

⑦ 爱国诗　⑧ 哲理诗　⑨ 咏物诗　⑩ 咏史诗
《七律·长征》毛泽东　　《卜算子·咏梅》陆游

主题下的内容、中心思想、表达手法都具有高度的连贯性，使得每个主题自然形成一个知识组块，既便于复习，又符合出题逻辑。

（2）按题型拆分

基础和阅读部分可根据不同题型进行拆分。基础题型涵盖字音、字形、近义词辨析、成语运用、病句辨析等，每种题型均独立构成一个知识组块。

阅读题型的拆分则稍显复杂，不像基础题那么明显，很多同学不会拆分，甚至觉得很"刁钻""虚假"，但其实并非无解。每当读完一篇文章后，那些心理自然产生的疑问，往往正是考题要考的内容。绝大多数情况下，**阅读题型可以分为四种**，每种题型都有其独特的答题技巧与方法，通过拆分与总结，可以系统地掌握答题要领。

每个题型都是一个知识组块。作答同一题型时，答题方法

四种阅读题型的答题要领

	概括题（文章主要讲了什么？）	分析题（这篇文章如何写的？）	赏析题（文章好在哪、独到之处）	主旨题（作者想要表达什么？）
拆分题型	总结全文内容，提炼核心观点，概述文章特色，……	写作结构，段落之间的逻辑关系，写作顺序，……	修辞手法，描写手法，……	主旨理解，作者意图，读者感受，……
解题技巧	谁+做什么+结果+启示	概括段落内容，分析段落之间的关系	指出手法，加上效果，概括特点，分析中心	总结文章大意，结合实际分析

基本是一致的。通过将这些题型细化为具体的知识组块，我们能够更有针对性地积累相关知识，最终彻底解决相关题型。

💡 **小 试 牛 刀** ▶▶▶

赏析题答题技巧：

记忆口诀：法国点心

法（手法）→比喻、拟人、夸张……

国（效果）→生动形象、突出强调……

点（特点）→写出了校园景色美丽的特点……

心（中心）→表达了作者的喜爱之情……

现在，快速解决这道长沙中考真题：

我心情沉重地回到浴池。父亲不放心地追了进来问："孩子，想啥呢？"我说："我想让我为您擦一次背……话未说完，就已鼻酸眼热，湿湿的液体借着水蒸气的掩护蒙上了眼睛。

"好吧。咱爷俩互相擦擦，你小时候经常帮我擦背呢。"

父亲以享受的表情躺下来。我的双手朝圣般拂过父亲条条隆起的肋骨，犹如走过一道道爱的山岗。

（尤天晨《父爱昼夜无眠》）

赏析文章中画波浪线的句子，体会人物的情感。

答案解析：

第一步，指出手法：比喻。

第二步，加上效果：生动形象。

第三步，概括特点："我"帮父亲擦背时，对父亲的感激和回报。

第四步，分析中心：歌颂伟大的父爱。

连起来，就是这道题的满分答案：

运用比喻修辞手法，将"拂过父亲条条隆起的肋骨"比作"走过一道道爱的山岗"，形象生动地表达出"我"对父亲的理解、感激和回报，深沉感人，将对父爱的颂扬推向高潮。

语文学习需"细水长流"，如果距离中、高考还有较长时间，拆分语文真题试卷，可以提前了解重点，大有裨益；每日的积累与坚持将为未来的学习奠定坚实基础，减轻后期的复习压力。若在高一高二阶段已扎实掌握文言文字词，则高三时便可从容应对，无须再为此分心。

这样的方法对时间紧迫的初三、高三的学生也同样能发挥效用。无论学生当前成绩如何，找到知识薄弱区，通过精确拆分知识组块，逐一攻克知识点，便可以实现快速提分。

🔨 英语：分段不同，重点不同

英语学习上，不同分段的学生，学习重点不同。

不同分段划分标准

学习阶段	对应分数段
低分段	满分150分，得分在90分以下；满分120分，得分在75分以下
中分段	满分150分，得分在90～120分；满分120分，得分在75～100分
高分段	满分150分，得分在120分以上；满分120分，得分在100分以上

拆分高考英语试卷，可以发现，试卷涵盖了多个核心的知识组块：**听力、阅读和写作**，但这些组块的基础其实都是**单词**。如果单词量不足，无论听力、阅读还是写作，都将受到极大的影响，难以达到理想的分数。

牢固掌握单词是提升英语成绩的关键。

（1）低分段

低分段的学生，首要学习任务便是**攻克单词**。实际上，英语学科超过 70% 的问题，都可以通过"背单词"来解决。换言之，单词积累不够，想要在听力、阅读和写作上取得高分是不可能的。

背单词并非毫无章法可循，相反，有许多高效且实用的技巧。其中，**词根记忆法**和**语境记忆法**都是比较系统和科学的记忆法。

pre（在前、预先）

① preheat v. 预先加热，预热

例句：Preheat the oven to 350 degrees.
预热烤箱至350摄氏度。
词根记忆：pre（在前、预先）+heat（加热）→preheat（预热）

② preplan v.预先计划，提前部署

例句：Now it's time to preplan your trip.
现在，是时候提前计划你的旅行了。
词根记忆：pre（在前、预先）+plan（计划）→preplan（预先计划）

①词根记忆法

记忆单词我最喜欢用的就是词根记忆法。这种方法的原理在于，英语单词的词根类似于汉字的偏旁，它们通常由固定的一组字母构成，并代表着相对固定的意义。通过这种方法，我们可以系统地理解和记忆单词，从而达到事半功倍的效果。

⚡ 素 材 积 累 站 ⚡

常见词根	单词示例
ache 痛	headache 头痛
ag = do/act 做，动	agent 代理人
audi/audit = hear 听	audible 听得见的
bio/bi = life 生命，生物	biology 生物学
ced/ceed = to go 行走	precedent 先行的，在前
cept = take 拿，取	exception 例外，除外
circ = ring 环，圆	circle 圆，圈，环状物
cogn = know 知道	cognition 认知
cord = heart 心	cordial 衷心的，诚心的
corpor/corp = body 身体	corporation 团体，社团

②语境记忆法

对于比较复杂的单词或词组，置于具体的语句中，结合上下文进行记忆，效果更佳。例如：

attend（熟义：出席）vt. 参加；vi. 看护，治疗

Mr.Park attended a summer course. 帕克先生参加了一个暑期课程。

If you go out, who'll attend to the baby？如果你走了，

谁来<u>照看</u>婴儿?

③此外,背单词还有**谐音法、编故事法**等小窍门,虽然适用范围有限,但对于某些单词的记忆却出奇制胜。比如,"band",其发音与"绑带"相似,其意思也恰好与"绑带、带子"相关。

对于低分段的学生来说,务必为英语学习分配更多时间,且优先完成单词背诵任务,这是迈向更高阶段的基础。

除了上述技巧外,背单词,也要践行一些科学有效的背诵策略。

(1)**7×7策略**。7个单词为一组,每次背诵一组,每天在不同时间背7组单词。(研究表明,以"7个"为一组进行背诵,记忆效果更佳。)

(2)**滚动复习策略**。"单词背了就忘"是非常正常的现象。遗忘的单词需纳入新的背诵计划中,滚动式持续复习。

(3)**"伸手可得"策略**。确保背诵的单词随时触手可及。可以准备便携的单词本,在桌面便利贴上记单词等。

(4)**利用碎片时间的策略**。充分利用学校里课间休息、饭前食堂排队、等公交地铁等碎片化时间背诵单词。

(2)中分段

中分段学生学习英语的重点应聚焦于听力、阅读和写作这三个核心知识组块。这些组块之间并非孤立,而是相辅相成、相互促进的。在积累了一定的单词量后,同步练习这些组块将能够显著提升英语水平。比如,阅读题能迅速提高我们快速理解英语文章的能力,也有助于更好地了解英语听力的内容节奏,而且积累的素材、句子也能为写作提供丰富的灵感。

需要注意的是,该阶段的主要目标是高效掌握英语的做题技巧，从而直接在考试中拿分。虽然阅读英文名著、听英文歌等对提升英语成绩有正面影响，但是从提分效果来看，直接做题才能直接锤炼我们的得分技巧。

英语阅读理解做题技巧：

❶ 快速读题：浏览题目和选项，大致了解都有哪些考题。

❷ 阅读全文：带着问题，读完全文。遇到读不懂的词句时，不要立刻查词典，继续读下去。

❸ 再次审题：通过读题明确阅卷人的出题意图。

❹ 回到原文：结合原文，仔细比对，给出答案。

❺ 分析总结：核对答案，记录正确率，并把主要收获整理到笔记和做题本上。

❻ 以阅读促积累：查词典，了解陌生单词的意思，记在桌面的便利贴上。我们可以在碎片时间完成单词背诵和复习。

中分段的学生还需警惕"眼高手低"的现象。刚开始练习时，可能会因为新鲜感和题目难度较低，觉得这些题目不过如此。但英语考试不仅仅只考查一篇阅读理解，如果不认真练习，很容易在后期做题时感到烦躁，做题水平随之降低。因此，我推荐自己坚持了 3 年的"20 分钟组合练习"策略，即，每天在固定时间，花 20 分钟做完一组英语题目，并核对答案。

由于英语考试题型非常固定，每天 20 分钟的练习可以是一些固定的组合，以中考试卷为例：① 15 道单选题 + 核对答案；② 2 篇阅读理解 + 核对答案；③ 1 篇完形填空 + 核对答案。

第 3 章 学会拆分，让学习事半功倍

（3）高分段

到了高分段，学生很容易进入一种**"瓶颈期"，也容易有这样的困惑**：明明自己和之前一样努力，但英语成绩提升的速度明显变慢了，甚至出现成绩下滑的现象。怎么打破瓶颈，让成绩进一步提升呢？**关键就在于"培养语感"。**

英语是一门语言，学习中培养"语感"扮演着至关重要的角色。有了语感，做题时可能就不再需要过分依赖那些特定的做题技巧了。

那么，语感如何培养呢？基本方法是：**多开口说**。不过我们要承认，即使在现在，国内能够"开口说英语"的环境也是少之又少。不过，没关系，只要"开口"就好，可以通过"背诵"达到类似的效果。

具体要背诵哪些内容呢？可不仅仅是背单词了，还要**背诵一张英语试卷的全部内容！被吓住了吗？别害怕，我分享一个真实的例子：**

读高二时，我的英语学习遇到了一个瓶颈：每次做卷子完形填空的错误率几乎占到一半。而我的同桌却能轻松拿下几乎满分的成绩。我很疑惑，便向她请教，她透露秘诀就是"考过的完形填空题，还要再背一遍，就像我们背作文一样"。起初我觉得这个方法听起来很离谱，但我还是决定试试。

首先，我发现面对已经考过的文章，"看"和"读"完全不同。看一遍只要 2 分钟，读出来竟然至少需要 5 分钟，而且感觉非常陌生，更别说背诵了。

不过我没有气馁，依然每天背诵一篇完形填空。从起初的磕磕巴巴，到几个月后 15 分钟内就能轻松背完一篇完形填空。

这种方法逐渐培养了我对英语的语感，后面考试的完形填空的得分率也稳定在了 95% 以上。

再后来，我更是将"背诵英语试卷"这一方法发扬光大，从完形填空到作文再到阅读理解……英语成绩彻底起飞！

🔨 数学：同步听讲 + 自主练习

数学的学习，除了初三、高三阶段的复习外，其他阶段基本是每月考查当月的学习重点。所以，若想要数学考试拿高分，就要在学习的初期阶段，跟上老师讲解的速度，同时进行大量的题目练习。这样才能在考试中从容应对，取得优异成绩。

（1）重视预习

数学这门学科的特点是：知识量大，内容衔接紧密，理解难度越来越高。

为什么许多学生在数学课上感觉吃力？原因往往在于学生与教师对基础知识的熟练度存在显著差异。比如，教师在课上讲圆时，很多同学就会在理解 π 时出现卡壳，而老师已经在 π 的基础上开始推演周长与面积的公式了，那么学生自然就会跟不上。所以，学好数学，必须提前做一些准备工作，也就是说，自主预习不可或缺。

那么，应该预习什么内容？应聚焦于下节课的基础知识，如概念、定义、基本公式、重要数值等。只要你打开教材，把这些基础知识牢记于心，就完成了数学的预习任务。

预习忠告：

❶ 预习应聚焦基础知识：无论是针对哪个学科，预习都应专注于基础知识的学习。对于需要深入学习的内容，在课堂跟随老师讲解，效率会更高。

❷ 专注听讲：即使已经预习过的内容，仍需在课堂上专注听讲，以免错过老师强调的重点和难点。

❸ 勤记勤思：预习时不仅要"看"课本，更要"记"和"思"。将基础知识记在脑海里并加以简单思考，这样才能在课堂听讲中游刃有余。

（2）听讲的艺术

教师在课堂上的讲解，往往偏向重难点，如应用题、定理推导、分类讨论等。

因此，在课堂上专注听讲至关重要。尽量与老师保持同步，当老师在黑板上解题时，不妨也在草稿纸上同步计算。当老师总结答题步骤时，及时停止计算，紧跟老师的思路，继续专注听讲。

（3）在练习中总结出题规律和数学模型

为了提高数学分数，很多同学都有一个非常关心的问题："题海战术"有用吗？

关于"题海战术"的争议，我的观点是：有用，但需有策略，有进有出。

首先，要想提高数学成绩，必须"跳进题海"去做题，而**预习、课堂听讲、练习的比例大约为 1：2：7。**也就是说，70% 的数学学习时间都要投入到练习中。

为什么要花这么多时间练习呢？一方面是熟悉知识点和做题步骤，但另一方面更重要的是通过大量的练习总结对应的出题规律和数学模型。

以解几何题为例：很多人做几何题目时，一开始都不会画辅助线，但通过不断练习，看到一个图形，就会想到这个图形需要什么样的辅助线，例如，当看到三角形时，就下意识先标出三角形的高。

当你下意识去做标注，这就是"跳出题海"了。

这也深刻揭示了数学学习的本质：科学的数学练习不是机械性地疯狂做题，而是要在解题的过程中不断思考，总结出答题规律和数学模型后，这个知识组块就算是彻底掌握了。

小试牛刀 »»

如果做数学题没有思路，可以试试我最喜欢的"倒推法"，或许能为你开辟一条清晰的解题路径：

假设大瓜和小瓜味道、瓜皮厚度相同，大瓜比小瓜宽2倍，仅从体积的角度考虑，跳跳虎应该买什么瓜更实惠？

1. 审读题目的最终要求：要买到"更实惠"的瓜，即同样的价格买到体积更大的瓜。

2. 思考：需要哪些条件才能得到结果？

先列出所有需要的条件：大瓜价格（$P_大$）、小瓜价格（$P_小$）、大瓜体积（$V_大$）、小瓜体积（$V_小$）。

3. 分析已知和未知的条件：题目中，价格是已知条件，体积是未知条件。

4. 以"新的未知条件"为目标，继续使用倒退法，直到都变为已知。

现在目标是分别求大瓜和小瓜这两个球状物的体积。

球的体积公式为：$V = \dfrac{4}{3} \pi r^3$，小瓜的半径为 r，大瓜的半径是 $2r$。

$$\text{小瓜 } r, \quad V_{小} = \frac{4}{3} \pi r^3$$

$$\text{大瓜 } 2r, \quad V_{大} = \frac{4}{3} \pi (2r)^3$$

$$\frac{V_{大}}{V_{小}} = 8$$

由此可以算出，大瓜的体积是小瓜的 8 倍。

5. 将所有条件代入做题思路里，完成题目要求。

大瓜的体积是小瓜的 8 倍：$V_{大} = 8 \times V_{小}$

大瓜的价格是小瓜的 5 倍：$P_{大} = 5 \times P_{小}$

所以，买大瓜更实惠。

建立目标，制订适合自己的考前复习计划

当我回首自己的学生岁月，首先便想到的是一场场大小不一的考试。这些考试就像是学生时代的时间节点，每个节点之间紧密相连，穿插着考前复习、考后总结等多个任务，构成了我们学习旅程中不可或缺的重要篇章。

在考前的紧迫氛围与重压下，制订一份符合自身需求的复习计划显得尤为关键。

制订考前复习计划，应包含三个部分：制订考试目标；做好时间规划；让计划落到实处。

制订考试目标

制订考试目标时，需要遵循两个基本原则：清晰、切实可行。

（1）目标清晰

什么样的目标才算清晰？

①有明确的评判标准；②有具体的时间规定。

有一个清晰的目标，能帮助我们更好地监控学习进度和复习效率。例如，在 10 分钟内完成 3 道数学选择题，或在 1 个月内把作文分数从 45 分提高到 50 分等。

（2）目标切实可行

常有学生初定目标时过于乐观，如"一周背完一本书""每天背 200 个单词""下次考试进步 20 名"。这些不切实际的目标往往难以实现，很容易导致挫败感。

（3）如何制订目标?

参考他人：

良好的学习竞争是有益的。你需要选一位成绩略领先自己的同学作为追赶的目标，以超过其成绩为动力。这种外部竞争能激发我们的学习热情，你也会立即把注意力放到学习上。

参考自身实际：

俗话说，知己知彼，百战不殆。我们也要根据自身情况，制订考试目标。此外，目标并非反映在"排名"提前上，而是要比自己上一次考试有进步。一般来说，相邻两次考试的难度差异并不大，所以，我们的考试目标应该是"在 XX 知识组块，得分比上次高 X 分"。

做好时间规划

根据考前复习时间长短差异，我们把时间规划分为三种：

（1）年度复习规划

初三、高三的冲刺阶段，学校都会用经典"三轮复习法"让大家稳步前行。大方向跟着课堂走就可以，不过我有几点建议作为补充：

第一轮复习：全面查漏补缺。以教材为基准，确保每个知识组块都得到复习。同时，主动多做一些真题试卷，以检验自己的学习成果。

第二轮复习：专题突破。此阶段聚焦于分值高、难度适中的关键知识点，进行有针对性的突破。除了老师指定的专题，务必找到自身失分最多的知识组块，加强练习。

第三轮复习：模拟冲刺，实战演练。这一阶段，考试早就成为常态，但切记不要盲目陷入题海战术。考前明确复习计划，考后做好总结。保持平常心，牢记这些只是提分的手段，不是最终的目的。

（2）月度复习规划

针对每个月的大考，我们完全可以在上一次考试结束后参考结果，为下一次考试制订复习计划。这个过程有两个步骤，还有每个学科需要：

第一步：确定 3 ~ 5 个失分严重的问题。

拿到试卷，分析失分严重的部分。每科需要突破的问题宜控制在 3 ~ 5 个，从而让我们有效集中注意力。可以是具体的题目，比如语文的文言文选择；可以是普遍存在的考试问题，比如数学计算时频繁粗心。

以我读高中时的学习为例：

①语文诗词鉴赏这个知识组块上经常丢分。那时候，诗词鉴赏题共有 2 道，满分 11 分，而最开始我的总得分只有六七分。

②数学粗心问题严重。一道小题是 5 分，我常常一场考试就可能因为粗心做错两道简单的小题。

③英语完形填空丢分严重，而且并非因为单词积累不够导致的。

这就是当时我当月要解决的 3 个问题。

第二步：制订 3 ~ 5 个清晰、切实可行的每月目标。

面对诗词鉴赏的丢分问题，给自己制订了 1 个月目标：在下一次月考中，语文诗词鉴赏的分数不能低于 10 分。这个目标很清晰，同时也是完全可以实现的。

月目标过大是没有意义的。如果你的目标是"物理从 60

分提升到 80 分"，那么对接下来的行动就没有任何指导作用。

月目标过小同样没有意义。比如，"记住这个平方差公式"，这是短时间内就可以完成的目标，不值得列为长期目标。

（3）24 小时记录法，了解自己的学习状态

时间不够？那么到底有多少复习时间？

作业太多？你到底需要用多少时间完成一张试卷？

你是否了解自己的真实学习水平？

我们需要对自己的 24 小时进行如实记录。

记录可以从早晨睁眼开始。睡觉、吃饭、背书、预习、复习、做题、做笔记、上厕所、每一次走神……全部如实记录，越详细越好。

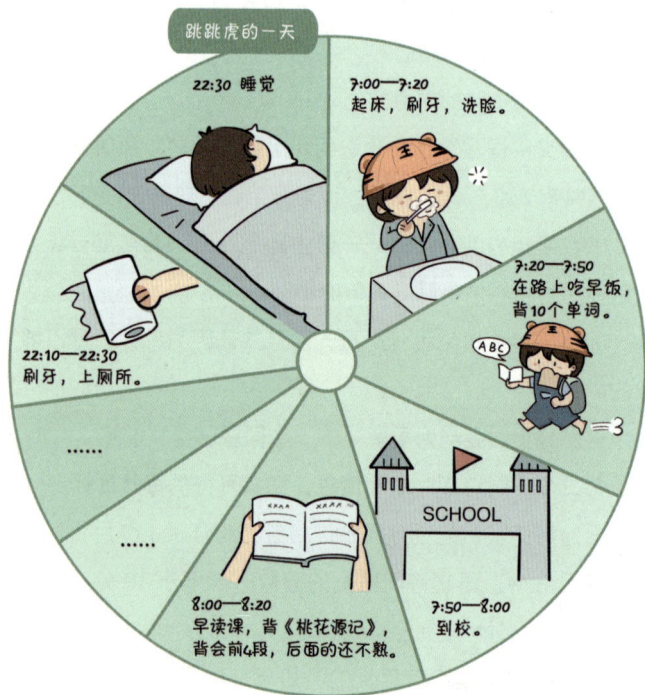

跳跳虎的一天

22:30 睡觉

7:00—7:20
起床，刷牙，洗脸。

7:20—7:50
在路上吃早饭，背 10 个单词。
ABC

22:10—22:30
刷牙，上厕所。

……

……

SCHOOL

8:00—8:20
早读课，背《桃花源记》，背会前4段，后面的还不熟。

7:50—8:00
到校。

考试目标：诗词鉴赏的得分不能低于10分。

初期的行动方案，可以尽量具体。为了实现这个目标，我需要完成以下行动：

①了解诗词鉴赏的所有考点。

②分析自己的失分点。

③制订提分的行动方案。

日计划：科目+目标1+目标2+目标3

月计划：3～5个清晰、可行的月目标

☀ 年计划——专题复习

目标1：英语	目标2：语文	目标3：数学	目标4：	目标5：
20分钟，做完两篇英语阅读理解 ☑	20分钟，做完两篇思多类主题诗歌练习题 ☑	30分钟，做完错题本10～12页的错题 ☑	□	□
5分钟，对答案 ☑	5分钟，对答案 ☑	10分钟，标记再次做错的题目，分析错因 ☑	□	□
10分钟，分析答案，整理错题 □	15分钟，分析答案并背诵答案 □	□	□	□

月计划	累计打卡天数	1	2	3	4	5	6	7	8	9	10	11	12	13	14	15	16	17	18	19	20	21	22	23	24	25
准确率从70%提高到90%	10	★	★	★	★	★	★	★	★	★	★															
语文诗词鉴赏得满分	3	★	★	★																						
重做一遍所有错题	3	★	★	★																						

24 小时的记录就这样完成了。在这个过程中，最关键的有两点：第一，如实记录所有细节；第二，承认自己的不完美，比如懒惰、拖延、频繁走神。

最后，计算一下：24 小时内，你处于学习状态的时间到底有多少？哪些时间是在听课，哪些时间是在自主学习？一共学了多少知识点……

我之前提到，我坚持每天用 20 分钟完成一组英语练习。这正是因为我记录了 24 小时活动轨迹，发现自己如果全神贯注，那么 20 分钟内刚好完成那些英语练习。20 分钟后，就可以问心无愧地让自己的大脑稍微休息一下了。

进行详细记录，结合要达成的目标，我们才能真正制订一份可行动步骤。

🔨 让计划落到实处

无论是哪种考前计划，不去实操就起不到任何作用。那么，你需要让计划落地，保证学习效率，这无疑是最难也是最重要的一步。

（1）限时模拟，让行动落地

"限时"，每个目标都有清晰的完成时间的限制。

"模拟"，模拟考试状态，在完成目标前不去翻参考书，不参与和其他人的任何交谈，保持注意力集中，完成任务后还要像给试卷打分那样，评估自己的完成情况。

原理非常简单，想象一下考试场景：如果你能在交卷前 5 ~ 10 分钟，恰好做完所有题目，用剩下时间来检查，无疑是最理想的状态。过早交卷放弃了自查机会，有些吃亏；而铃声响起时才匆忙停笔，最后几分钟心慌的状态，也会降低答题正确率。

代入考试时的紧张氛围，模拟考试时的状态，会很大程度上提升学习的专注力，更有效地开展学习计划。

（2）落于纸上，让计划随时可见

每天晚上，把第二天的限时行动，按照从早到晚的时间顺序写在纸上。这个动作看起来非常简单，但却是十分必要的。很多学生习惯在脑子里"想"计划，有时候想着想着就烦了、乱了，又如何落地执行呢？

我还会把计划表直接放在手边，让自己随时都能看到已经拟定好的计划。随时可见的计划表，也是在提醒我们减少拖延。

（3）增强外部监督，把计划表交给敬畏的人

如果你经常拖延，自制力不足，那么可以主动把计划表交给一个你敬畏的人，比如班主任、父母，甚至是某个"竞争对手"。这样的外部监督，能起到不可思议的效果。

高二寒假前，我在校内制订了一系列的寒假学习计划表，我深知：家里和学校不一样的，过年期间人来人往，更是有无数个放弃计划的诱因。所以我一咬牙，在学校的最后一天将计划表交给了班主任，请他开学后检查我的完成情况。

那个寒假，每当我想放弃时，眼前就会浮现出班主任期待落空的表情；每当我多坚持一项任务，眼前则会出现班主任惊喜认可的眼神。在这样好玩的"脑补"中，我真的完成了那份长长的计划表。

（4）设置奖励机制

完成一项任务后，获得一定的奖励，可以更好地激发我们的学习动力。奖励机制可以分为主动奖励与被动触发奖励两大类：

◆ **主动奖励**

①调整节奏，做些让自己放松的事

如果注意力一直高度集中，就会容易产生疲累、想放弃的感觉，这时候可以适当调整节奏，让自己放松一下。上学时，当我每完成一节课的学习目标时，都会放空大脑，享受天马行空的想象时间。如果过去一周表现不错，我便会奖励自己周末好好睡个懒觉。这些节奏上的调整，既能给我们带来喜悦，也能让我们更好地劳逸结合。

②物质上的小奖励

我们可以为自己的短期小目标设置一些小的物质奖励。比如，如果今天做完了这张卷子，晚上给自己加个鸡腿。这其实也是一种即时反馈，会成为学习生活中的一种难忘的回忆。

注意：应避免过于昂贵或具有攀比性的物质奖励。这虽然在一定程度上可以产生短期的激励效果，但长期来看，它可能并非最佳的奖励策略，特别是在还没有形成稳定的内在学习动机之前。

不恰当的奖励会无意中让你将学习视为一种获取物质的手段，而非追求知识和自我提升的过程，最终失去对学习的真正兴趣，从而在学习上变得被动和依赖。

◆ 被动触发奖励

①自我实现的内在成就感

每当我们完成一个目标，内心都会自然地生出一种自我实现的成就感，这种成就感能带来源源不断的内在驱动力。相比于家长、老师监督的外在环境，内在驱动力会促使我们主动地长时间地去付出努力，也会让我们想要探索和学习更多的新技能。自我实现产生的内在动力，能让我们的内心真正感到幸福和快乐。

当你因为付出努力实现了一个目标后，请记住这种成就感带来的愉悦。

②获得夸赞与尊重的社交型奖励

成绩的进步可以带来老师和家长的夸赞，带来同学对你的尊重。这种被认可的感觉也会带来巨大的满足感。一般来说，夸赞和尊重是努力后的一种结果。不过我们可以提前谋取这种社交型奖励来激励自己。比如，我们可以主动向老师和家长提要求，请他们多夸赞自己的进步；也可以利用社交媒体记录并分享自己的学习历程，发布一些学习心得、解题技巧等。相信这些都会成为无形的动力，激励我们向前。

当然，在这个过程中，你更要学会自我肯定。你要记得：自己的每一次努力与进步都值得被庆祝，这样才能在追求夸赞与尊重的同时，保持一颗平和而坚定的心，持续地在学习的道路上前进。

（5）平常心看待每一次意外和放弃

限时模拟计划表写在纸上了，也给班主任看过了，但是早上背书时就懒得看书，整个早上什么也没做到。这个时候，你会怎么办呢？

所有的前置条件都做到了，但执行中还是遇到了意外，或者拖延了、放弃了，怎么办？注意，我们越在意中途的失败、越为此感到后悔，就越影响接下来的学习状态。首先要摆正心态：这样的现象是很正常的，要坦然接受。正确的做法是：平常心看待，在计划表上标注出来这次任务失败了，然后把这项未完成的任务抛到脑后，按照计划表，执行下一个任务。一次失败代表不了什么，把这个任务放到明天继续尝试即可，不要为此而影响后续的节奏。

第4章

"考神"修炼手册：
持续学习，高效冲刺

专注

考试是学习过程中的重要一环。随着年级的不断升高，学习内容增多，考试频率也随之增加。渐渐地，许多学生一听到"考试"二字就从心里感到恐惧，视考如虎，更会常常抱怨：为什么学校要安排这么多考试呢？

🔨 考试的本质：学习过程中的重要一环

你知道掌握一门知识需要哪些环节吗？

（1）学：包括预习、听课、看笔记等，侧重听与看。

（2）练：包括日常作业、例题练习等，强调"动手"操作。

（3）考：限时闭卷考试，如期中、期末考试及日常测验，旨在检验学习成果。

（4）学、练、考的循环往复，构成了我们学习的基石。

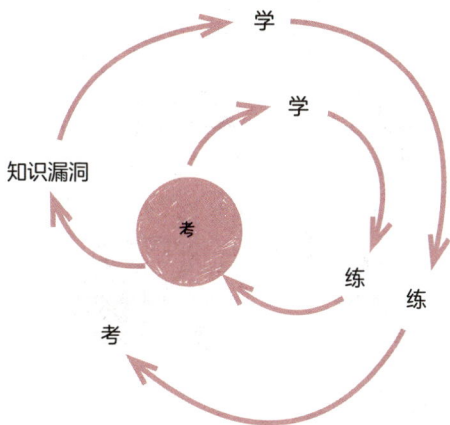

掌握知识的旅程始于"学"这个行为，即新的知识进入脑海，随后是"练"，然后通过实践加深理解。其中，关键的一点是，我们如何知晓自己的学习成效，是掌握了 30%、70% 还是 100%？何时应该转换学习重心，继续学习新的知识？如果不通过考试，我们很难回答这些问题。

"考"，也就是测试，就相当于一场全面的"学习体检"。考得好，是对当前学习策略与节奏的肯定；考得差，也不要气馁，因为在这个过程中你发现了自身的学习短板。客观公正的评估过程，促使我们正视、重视自己的问题，做到真正的查漏补缺。

古代考试的典故

古代没有照片，怎么验证考生身份呢？

古代考生的准考证叫作"浮票"，上面用文字记录考生的身高、体态、肤色和其他容貌特征。

为什么跳跳虎无法进入考场呢？

"微"，在古代既有"少许"的意思，也有"无"的意思。撰写"准考证"的人认为，"微须"的意思是"有少许胡须"，而监考官却认为"微须"的意思是"没有胡须"。所以，有少许胡须的跳跳虎就被拦了下来。这个故事在历史上有真实的原型，后来在众多考生的激烈反对下，监考官才改变了自己对"微须"的解释。

考试的形式多样，不一定非得是学校组织的大型考试。课堂小测、闭卷提问等都是"考"。

以四则运算为例，我们可能在一两天内就完成了"学""练""考"这个循环。课堂上，我们进行理论学习；课后，通过练习加深理解。在这期间，也会穿插着各种知识测验，即为"考"。如果发现自己在"除法运算"上总是出错，那么"除法运算"就是你的知识漏洞。下一轮循环，就请你重点学"除法"。

这就是考试的本质，它并非学习终点的检验，而是整个学习过程中的重要一环。

这也可以解释为什么绝大部分人在长假期的学习效率都比较低，除了一些环境影响，考试这一关键环节的缺失亦是不可忽视的因素。

为什么我们会恐惧考试

以前我有一名关系非常好的"竞争对手"。平时我们的学习水平基本没有任何差异。有一次重要的考试里，她说要跟我打个赌，比一比这次考试的成绩，当时我答应了。之后我们两个都更加刻苦，考试时也都小心翼翼地，生怕出一点错，但结果却是：双双大退步。

为什么会出现考试发挥失常的情况，其实都是考试心态出了问题。

（1）过度看重考试成绩，得失心太重

当我们过分在乎某个目标时，就会生出强烈的得失心。

正常来说，当我们做一道题或者读一本书时，大概可以按

照自己的节奏毫无"功利心"地去进行——只是单纯地做了一道题或者享受读书的过程而已。但是，如果在做题或者读书之前就有一种"我一定要把这个题全部做完""读完这本书一定要有所收获"的执念，学习效率反而会大幅度下降。

试想一下以下两种状态：

状态 A：什么都不想，专注于题目本身，集中精力把题做完了。

状态 B：做题时，脑子里出现一些纷乱的念头："我一定要把这道题解出来。""这个题错了的话，可能就考不过跳跳虎了。""刚才好像又浪费了一些时间。"

比较这两种状态，你是不是发现自己会毫不犹豫地更认可状态 A？要知道，我们的大脑同时处理信息的容量是有限的，当我们把一部分容量分给自我监测、自我博弈的心理内耗中，就必然会影响解决眼下问题的能力。然而学生做题时思绪走偏是很常见的事情，在后面的内容中，我会教你如果把思绪拉回来。

有一句话叫作"有心栽花花不开，无心插柳柳成荫"，其原理就与考试得失心非常相似。你是否有过类似经历？因为得失心过重而影响了考试发挥，或者因为心态放松后收获了惊喜。

（2）对考试恐惧的"放大效应"

除了得失心过重，对考试恐惧的"放大效应"也是导致考试发挥失常的重要原因之一。你有没有发现相比一些快乐的记忆，你的失望、难过、悔恨会更让你记忆深刻？负面情绪往往带有更强烈的冲击性。一次不理想的考试经历所带来的负面情绪，会在后续的考试场景中不断被重新唤起。尽管绝大部分情况下，我们所恐惧的事情并不会真正发生。但这种特性也会使恐惧情绪不断蔓延和加剧，阻碍我们正常发挥，影响我们的学习和生活。

当恐惧情绪被放大后，你是否出现以下情况？对外界的声音过度敏感，对与考试相关的任何信息都产生强烈的反应。例

如，听到考试日期就感到紧张不安，看到其他同学轻松备考就感到焦虑沮丧，考前胆怯畏惧、逃避现实，考试时更是注意力涣散、难以集中，严重时甚至会出现手抖、头晕目眩、呕吐腹泻等生理反应。

那么如何改善这样的情况呢？首先你要知道一个根本性前提——你只是考前的心态出了问题，并不是这次考试已经失败。只要在当下调整好心态，一切都还来得及，并且心态并非不可调控。

🔨 走开，考试恐惧症

（1）转换思维：你恐惧的不是考试本身

想象一下，面对当天的课堂小测与全市期末联考，哪一项更能触动你的恐惧神经？不言而喻，我们都会选择全市期末联考。但二者均为限时、闭卷且计算成绩的考试形式，为何后者引发的压力远超前者？

根源在于外界的压力与关注。老师的评判、家长的期望、同学的比较、成绩对未来的影响，无一不使你深感其重。你真正在意的，并非考试本身，而是考试结果。

这也可以解释，为什么到了中考、高考前夕，无数学生焦虑难眠，甚至因为过度焦虑恐惧而患上生理疾病。因为在有些考生的心里，"中、高考的结果 = 命运的成败"。

所以，要解决对考试的恐惧，首要任务是转换自己的思维：

考试结果代表的是过去，不是将来。一个学期期末考试分数不高又会怎么样呢？它真的会影响下个学期的学习吗？中、高考失利了，往后我就再也没有其他获得成功的机会了吗？不是

考试分数低　上不了好学校　找不到好工作　人生失败？

（指指点点）　对不起大家

魔思思的焦虑幻想

的。你要相信，考试的结果不是评判人生是否成功的唯一指标。

　　有的同学害怕他人对自己考试结果的评价，如果是这样，那更要转换思维了。心理学专家阿德勒提出过著名的"课题分离"理论：我们每个人只要负责自己的课题，也就是说，我们只需要对自己的直接行为结果负责。当别人评价我们时，如何评价是他们的课题。我们的课题是判断要不要接受他人的评价。如果他们的评价让我感到不舒服，那我就拒绝承认那些负面的评价。

（2）末日心态法

　　我经常会给学生传授一种独特的考前心态调整法，叫作"末日心态法"，即将考试日视为世界末日，不要去想之后的事。无论你平时学习如何，"末日"心态可以很好地缓解考前的过度紧张。当你不再纠结于考试结果，注意力自然集中到考试本身了。考试也会成为你学习过程中最有趣的环节，你会对考试过程充满想象。像我读书时就经常提前预测考点，如果猜中了，就会收获一种开盲盒的快乐。

进入考场后，"末日心态法"依旧可以发挥作用。

每当我在考试中完成一道题，就抱着"末日"的心态：反正做完这道题了，至于它的对错，我现在不去想，开始下一道。做下一道题目时，便不再关注前面这道题了，不要再去思考刚才做得对不对、要不要再算一遍，等等。

另外，这种心态与认真检查并不冲突。等完成了整张试卷，我们可以再回头认真检查一下。

有时候，第一遍做不出来的题目，总是让我们念念不忘。有个简单的小技巧：标记那些做不出来或者不确定的题目。做完标记后，也相当于这道题已经"完成"了，所以要结束对它的"挂念"，专心致志去做下一道题。

（3）尽可能多参加考试，打破未知

恐惧来自未知，打破未知，自然也就打破了恐惧心理。所以，越是恐惧考试，越应该尽可能多参加一些考试。考得多了，对考试神秘化的认知就容易打破，也会以更加理性、客观、平和的态度看待考试。

所以，不妨在日常学习中自创一些"考试"情境：任何能够限时、闭卷、认真评分反馈的学习任务，都可以被视为一次考试。

（4）把不安的心情写下来

恐惧往往会在不知不觉中被我们悄悄放大。如果你经常感到焦虑不安，不妨尝试将内心的感受写下来，记录当下的真实想法。你会发现，当我们把内心的不安用文字表达出来时，就

像是给情绪找到了一个出口。

日本东京大学脑科学研究者池谷裕二曾做过一个研究，得出的结论是如果人们把考试前的不安心情写出来，紧张的情绪就能得到缓解。在相关实验中，当参与者在考试前 10 分钟内，具体写出让自己感到不安的考试内容、描述出自己不安的状态后，他们紧张的情绪就得到了缓解，最后的考试成绩甚至还提高了 10%。

其实，那些在脑海中不断盘旋、让我们焦虑的想法，一旦落在纸上，似乎就变得更加清晰可见，也不再那么可怕。我们可以看到自己的恐惧具体是什么，是对考试成绩的担忧，还是害怕辜负他人的期望？通过书写，我们能够更加理性地分析这些问题，认识到很多时候我们的恐惧是没有根据的，或者是可以通过努力去克服的。

当你感到焦虑不安时，不妨拿起笔，让文字成为你情绪的疗愈剂。

（5）高能量姿态，让你 2 分钟找回自信

肢体动作的变化，也会带来心理状态的改变。美国哈佛大学商学院埃米·卡迪教授，致力于研究行为对心理的影响。她在她的一本书中总结了一系列能够显著提升个人状态的肢体动作。对于即将面临考试、感到自身状态不佳的你来说，练习这些动作无疑是最即时有效的策略。

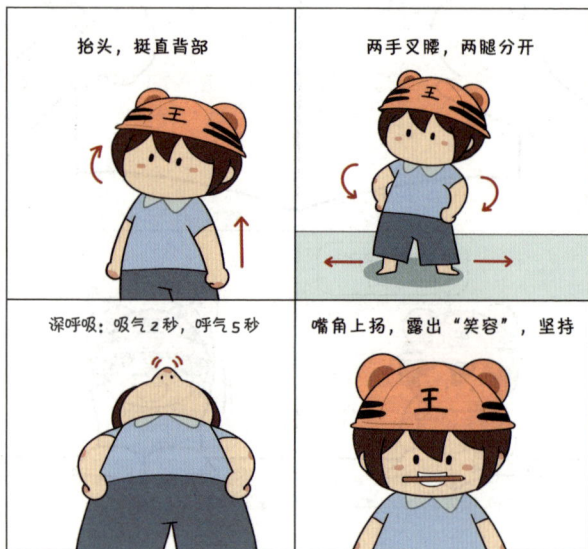

4.2 我有科学考试技巧

🔨 记忆策略

（1）记忆的真相

"记忆"是我们都非常熟悉的一个词语，是信息在人脑中留下的印记。

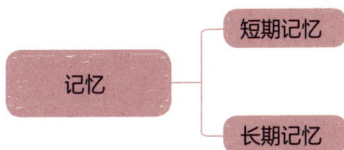

```
            ┌─── 短期记忆
   记忆 ──┤
            └─── 长期记忆
```

有的记忆属于短期记忆。比如，我们看到一串电话号码，即使能够快速记住，也可能在 1 分钟内就忘记了。

有的记忆则是长期记忆。就像我们小时候背诵的李白诗句"举头望明月，低头思故乡"，多年后仍然能脱口而出。

那么，是什么造成了短期记忆和长期记忆的不同呢？

为了更形象地阐述这一原理，我们不妨将大脑想象成一座"记忆的房子"，在这个房子里，每一个信息都化身为一位"访客"。

最初，这些"访客"踏入了称为"短期记忆"的走廊，这个走廊空间狭窄，所以只有部分"访客"在接受审查后（即大脑对信息的一系列精细加工与处理），才能穿过"短期记忆"的走廊，进入到"长期记忆"的走廊，长久地在大脑中"住"下来。

那么，如何才能让短期记忆尽可能转化为长期记忆呢？

这就不得不提到上面提到的走廊里的"审查官"——海马体了。

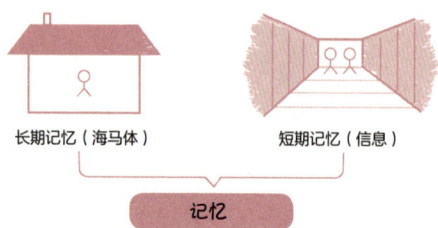

长期记忆（海马体）　　　短期记忆（信息）

记忆

海马体在记忆系统中扮演着至关重要的角色，是记忆巩固过程中的一个关键节点，参与了信息的编码、整合和存储。通过海马体审查的信息，才能转化为长期记忆。一般情况下，海马体会优先处理与生存直接相关的经验、强烈的情感体验等。反过来讲，如果海马体认为某些信息不够重要，这些信息很快

申请书

亲爱的海马体：

下周的英语考试对我来说非常重要。考不好的话，我会非常难过。请让这些单词转化为我的长期记忆吧！

——背了就忘的跳跳虎

审核意见："单词"并非必不可少的生存信息，您的申请已被驳回。

——海马体

就会被遗忘。

虽然海马体有自己的审查标准，但是我们可以科学记忆，想办法"欺骗"海马体。

（2）认识遗忘曲线，科学记忆

如果我们能按照科学的节奏，多次重复学习相同的知识，这将有助于增强海马体与大脑皮质之间的连接，促进短期记忆向长期记忆的转化。

但具体应该重复记忆多少次，分别在什么时间记忆呢？回答这个问题之前，我们需要先了解一下遗忘曲线。

艾宾浩斯遗忘曲线

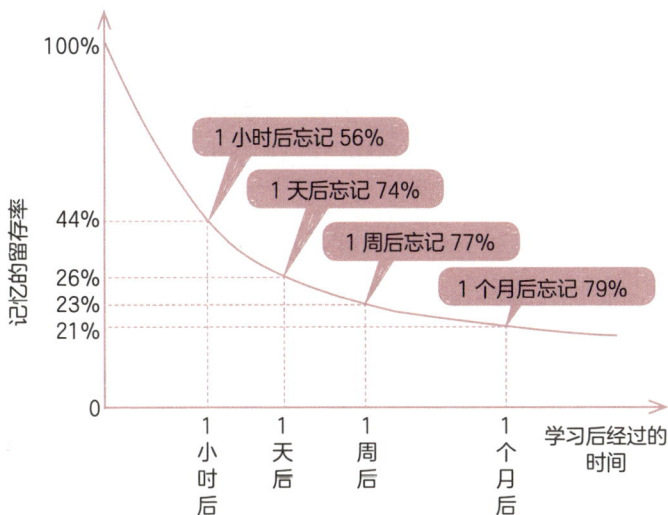

德国心理学家赫尔曼·艾宾浩斯研究发现，人的大脑在遗忘信息时，并不是匀速的，而是呈现出先快后慢的趋势。

在记住信息的一小时后，我们就会忘记一大半的信息。一天后，遗忘比例上升到74%。之后，信息遗忘的速度逐渐变慢。1 个月后，大概会忘记 79% 左右的信息。

因此，根据遗忘曲线，我们的重复记忆频率也应该先高后低，尽量在"快速遗忘"之前，加强对知识的巩固。"记忆"的关键时间节点有 4 个，分别是学习后 1 小时、学习后 24 小时、学习后 1 周、学习后 1 个月。整个复习计划大约在 2 个月内完成。

你是否觉得，对这些时间节点有些熟悉感呢？

回想一下我们平时的学习和考试节奏吧。

一般当天学的知识点，会以作业的形式在几个小时内让你对知识点有个全面的复习。

此外，在第二天也会在课堂上提问，让你去加深和巩固。距离第一次学习基本上刚好是 24 小时。

到了下周，一般还需要重复记忆一下上周的内容。此时，刚好是周末，我们可以利用相对充裕的学习时间做总结。有的学校还会安排每周测试。这样一来，刚好在一周后完成第三次记忆。

1 个月后就会迎来月考，或者期中、期末考。

很明显，其实这 4 个关键的时间节点，和我们平常做题还

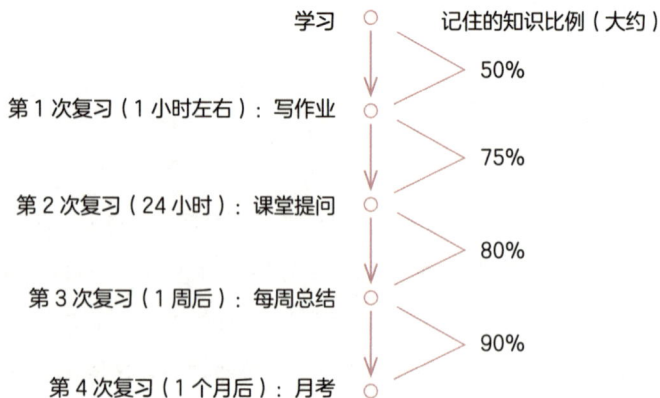

	学习 ○	记住的知识比例（大约）
		50%
第 1 次复习（1 小时左右）：写作业	○	
		75%
第 2 次复习（24 小时）：课堂提问	○	
		80%
第 3 次复习（1 周后）：每周总结	○	
		90%
第 4 次复习（1 个月后）：月考	○	

有考试测验的时间几乎是重合的。我们不需要额外抽出时间去做重复记忆，4 次记忆本身就是校内学习计划的一部分。

（3）理解记忆转化背后的原理

长期记忆的转化是一个精心组织和建造的系统工程，其核心在于理解信息的意义，让新的信息与旧的记忆产生联系，从而使记忆成为一个有序、有组织的整体。若以海马体的口吻叙述，它或许会这样说："大脑已长时间沉浸于对这一信息的思考之中，并发现它与已存的众多长期记忆间存在着紧密的联系，显然，这是值得深入记忆并长久保留的关键信息。"

所以，为了牢固掌握新知识，我们一定要主动积极地去思考，尽量试试知识迁移①的方法，用已经掌握的知识和方法去理解新知识。

例如，面对一个数学定理，如果只是简单地把它背下来，我们可能很快就忘了。但如果能利用已有知识，主动推导一遍公式的来源，理解其背后的几何意义，就可以把短期记忆转化为长期记忆了。

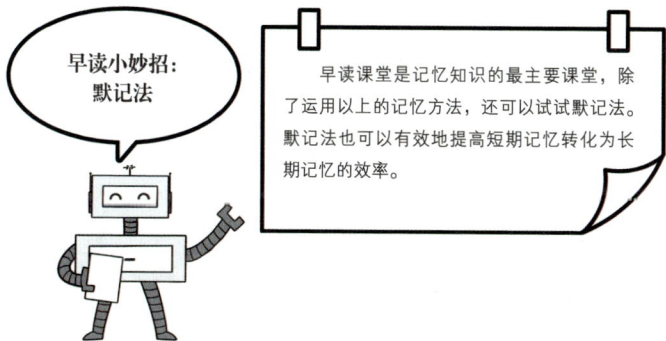

早读小妙招：
默记法

早读课堂是记忆知识的最主要课堂，除了运用以上的记忆方法，还可以试试默记法。默记法也可以有效地提高短期记忆转化为长期记忆的效率。

---

① 知识迁移是指将在一个情境下学到的知识、技能或策略，应用于另一个不同但相关的情境中的方式和手段。

小 试 牛 刀 》》》

勾股定理：如果直角三角形的两条直角边长分别为 a、b，斜边为 c，那么 $a^2+b^2=c^2$。

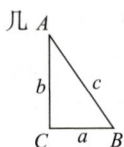

几何语言：∵ 在 Rt △ABC 中 ∠C=90°

∴ $a^2+b^2=c^2$

证明方法：

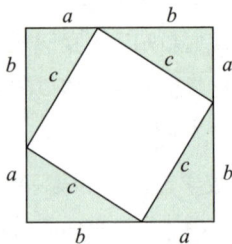

大正方形的面积等于中间正方形的面积加上四个三角形的面积：

$$S_{正方形}=(a+b)^2$$

即 $4ab\times\dfrac{1}{2}+c^2=(a+b)^2$

$$2ab+c^2=a^2+b^2+2ab$$

$$c^2=a^2+b^2$$

同一个时间段内，做同样类型的题目，也相当于在不断地进行知识迁移，也可以额外加深我们的相关记忆。

默记法是一种动嘴但不出声的记忆方法。著名记忆心理学家凯兹曾做过相关实验，实验结果证明：默记时间越长，记忆量越大，而且更容易转化为长期记忆。我以前在早读课上尝试过各种背书方法，后来发现：只看书不动嘴，往往更容易走神；大声背诵，则会导致背诵速度降低，而且过于消耗体力。默记法的记忆效果是最佳，尤其适合学校的早读课堂。

（4）防止记忆干扰

虽然我们刚才强调过，如果能将新的信息与旧的记忆联系起来，有利于形成长期记忆。但这种记忆合作的前提是两种信息在本质上有密切关联。就如刚才提到的勾股定理，可以利用之前学过的面积公式推导出勾股定理来进行记忆。但还有以下情况：

记忆除了能够相互合作，还可能"互相抑制"[①]。当你同时记忆多种缺乏逻辑关联但又存在某些相似特征的信息时，这些信息在大脑的存储与检索过程中便可能相互干扰，从而引发前摄抑制[②]和倒摄抑制[③]，结果就是"记得越多，忘得越快"。

为什么背单词那么难？其中一个原因就是孤立信息之间的互相干扰。比如，一口气背100多个无序的单词，过不了一会儿就忘得差不多了，实际记忆效果还不如踏踏实实背20个单词。

（5）劳逸结合，运用间隔学习法

如果你把一项学习任务分散到多个不同时段完成，而不是一口气学完所有内容，会更有助于提升记忆效果，使知识记忆更加牢固持久，这在心理学上称为"间隔效应"。番茄学习法是当下很好用的一种间隔学习法。

具体方法为：先将闹钟设置到25分钟后，在这25分钟内专注学习；等闹钟响起后，休息5分钟，在这5分钟内可以进行简单的休息和放松活动。这30分钟就是一个"番茄闹钟"时间，算为一组。接下来，开始第二组的循环。每完成四个循环后，休息15～30分钟。

据研究，番茄闹钟通常设定为25分钟，这是因为人的专

---

① 1924年，两名德国研究人员约翰·詹金斯和卡尔·达伦巴赫进行了睡眠实验，证实干扰可能是遗忘的重要原因。

② 前摄抑制指先前学习的知识因其与新信息的相似性而干扰了后续学习的记忆巩固。

③ 倒摄抑制指后续学习活动也会对已经记忆的知识点造成干扰。

注力持续时间在 25 ～ 35 分钟，超过 25 分钟后注意力就容易涣散，但具体应用时间，我们应该根据自己的专注力情况适当调整。注意，不要频繁修改番茄闹钟的时长，否则这只会破坏你的学习节奏。

关于 5 分钟的休息时间，也有讲究：切忌用来刷手机或看视频（这些活动只会让你上瘾，停不下来）。这 5 分钟应被视为"换脑"时间。你可以利用这段时间站起来伸展四肢，仰望蓝天白云，聆听音乐，喝水，或去卫生间。简而言之，就是要让大脑暂时从当前的学习任务中抽离出来，做一些轻松且不会过度刺激大脑的事情。

一个番茄周期

25	5	25	5	25	5	25	15

0 分钟　　　　30 分钟　　　1 小时　　　1 小时　　　2 小时
　　　　　　　　　　　　　　　　　30 分钟

■ 学习　　　　□ 休息

（6）用于背诵的渐进反复法

语文、英语、政治、历史等学科经常出现需要背诵的大段文字材料。如何记忆呢？我们可以综合运用重复记忆、理解文字背后逻辑和专注聚焦的策略，由此可以得到"渐进反复法"。

什么是渐进反复法呢？以一篇文字材料为例：

首先，我们要理解这些文字内容背后的关系，将它们按照内容逻辑划分为 3 ～ 4 个部分。很多文字材料，每一句话都代表一个意思。所以，最简单的划分方法，就是按句子来划分。每个部分都是固定的 1 ～ 3 句话。如果能先理解文字材料的意思，我们也可以从逻辑上划分；如果有些文章会反复使用相似的句式结构，也可以把句式作为划分依据。

💡 小试牛刀 »»

我们用渐进反复法来背诵一下这篇著名的《鱼，我所欲也》。

内容分析：

鱼，我所欲也；熊掌，亦我所欲也。二者不可得兼，舍鱼而取熊掌者也。

第一部分：第 1 ~ 2 句话，都是比喻手法。

生，亦我所欲也；义，亦我所欲也。二者不可得兼，舍生而取义者也。

第二部分：第 3 ~ 4 句话，与前两句是相似的句式结构，是全文中心句。

生亦我所欲，所欲有甚于生者，故不为苟得也；死亦我所恶，所恶有甚于死者，故患有所不辟也。

第三部分：第 5 句话，围绕中心句展开论述。

接下来是正式的背诵环节：

第一步，我们按顺序背诵第一部分。

第二步，接着背诵第二部分。

第三步，不要急着去背新的文字，而是倒退一步，同时去记第一、二部分，相当于巩固了记忆。

第四步，我们再去背诵第三部分。

接下来，我们背诵每一部分的时候，先专注聚焦于当下的这一小部分。在记忆新内容的同时，我们返回"上文"，不断重复记忆前面的内容。

背单词也是同样的道理。你会发现很多单词软件的记忆方法就是，在给出几个新单词后，定时会穿插几个之前背过的单词，以达到反复记忆的效果。如果你不习惯用记忆单词的软件，或者需要用单词本或单词表来记单词，那么请一定记得，每天背诵新单词时，都要定时复习一下昨天背过的单词。如果发现了已经遗忘的单词，那么做好标记，明天还要继续复习该单词。这就是渐进反复法。

🔨 做题策略

考前复习，既要多用大脑去"记忆"，也离不开做题练习。在"学—练—考"的知识循环中，做题更是"练"的核心组成部分。

一般来说，练习可以分为当堂课上练习、当日课后练习和当周阶段练习。

（1）当堂课上练习

主要目的是检查自己是否真的理解了课上所学的新知识。一般来说，听完新知识后，如果能在规定时间内完成例题练习，那么基本证明自己理解了本节课的新知识。如果未按时完成例题练习，则要仔细分析，当堂练习效果差的原因是什么。是没有理解概念、公式，还是记不住思路步骤，或者知识体系有问题？只有通过练习，我们才能检验自己的学习效果。

（2）当日课后练习

主要起到巩固当日所学知识的作用。如果老师布置了课后练习题，肯定要优先完成这些任务。这不是"给老师学习"，而是我们自己学习的必要环节。此外，如果有时间，可以适当多做一些练习题。

"磨刀不误砍柴工。"练习开始前，可以先打开教材或笔记，复习一下今天新学的知识，然后合上书本，再开始做题。当我们努力回忆知识点时，也是加强记忆的过程。如果一边做题一边看书，既影响做题的效率，也会导致记忆效果大打折扣。

（3）当周阶段练习

其涵盖的复习范围更广。当周练习题往往是本周多个知识点的集合，难度会有显著提升。也就是说，这时候的题目应该是以拓展拔高题为主。如果校内有固定的单元（一周）练习任务，那我们就用心完成。如果没有，那就每周拿出固定的时间，每科至少 40 分钟，做一些综合型的、难度中等及以上的题目。这个阶段，建议你尝试限时训练，限制自己的做题时间。这样既可以提高学习效率，也是在模拟考试场景，帮助你提前适应考试节奏，从而在未来的考试中更加从容。

🔨 错题本策略

错题本，相信大家都不陌生，你有整理错题本的习惯吗？

许多同学或许对错题本的价值心存疑虑，错题本真的那么重要吗？

（1）为什么要整理错题本?

整理错题本，不是简单的抄一遍错题，而是帮助我们从"做题"迈向"思考"。如果一味做题，而没有停下脚步整理分析，那么遇到同类题目时，我们仍会在同样的坑里摔倒。

认真整埋错题本，才能改掉"粗心大意""眼高手低"等习惯。而且，整理错题的过程，也是加强复习的过程。

（2）如何整理错题本?

有些同学反映，虽然认真整理了错题，但效果并不明显。如果你只是把错题抄下来，然后就放到一边束之高阁，那自然是没有效果的。错题整理其实包含一系列的步骤：

①记录题目，避免答案诱惑。先把题目抄下来，但绝对不要抄答案。如果题目比较长，你也可以把题目剪下来，贴在错题本上。

②独立再战，检验做题水平。很多人会因为在课上听到了错题解析，就产生了"我已经掌握这道题了"的错觉，但其实当你真正动手去计算的时候就会卡壳。所以你需要杜绝参考答案，独立再做一遍。

③深度剖析，破解难题症结。解题过程中，当思路再次受阻或再次出错时，认真思考，找出问题的根源，彻底解决，直到你能流畅、准确地完成题目。

④总结经验，记录学习心得。把错误原因、卡壳原因、方法诀窍都写在答案下方。比如，"开平方要注意正负号""看到人称要注意动词"等。

⑤滚动复习，巩固学习成果。错题本应经常随身携带，每月至少重新回顾和解答一次各科错题本上的新题目。如果再次出错，请做好标记。下个月，除了复习新错题，还要再次挑战那些被标记的旧错题，直到彻底掌握为止。

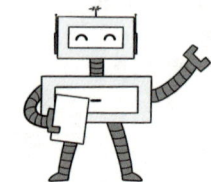

实用小技巧：

❶ 尽量选择活页本，方便归类整理。

❷ 题目和答案应在不同位置，比如不在同一页或者遮挡答案。这样在滚动复习时，才能真正重做一遍题目。

❸ 题目、答案、错因分析、标记等，用不同颜色的笔进行区分。

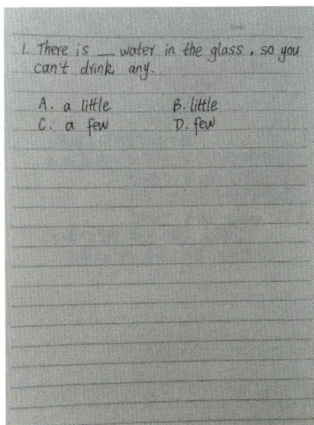

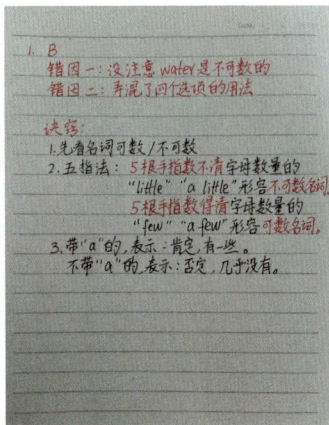

1. There is ___ water in the glass, so you can't drink any.

A. a little   B. little
C. a few   D. few

1. B
错因一：没注意 water 是不可数的
错因二：弄混了四个选项的用法

诀窍：
1.先看名词可数/不可数
2.五指法：5根手指数不清字母数量的
　　　　　"little" "a little" 形容不可数词
　　　　　5根手指能数清字母数量的
　　　　　"few" "a few" 形容可数名词。
3.带 "a" 的，表示：肯定·有些·
　不带 "a" 的，表示：否定·几乎没有。

🔨 笔记策略

除了分阶段做题练习、整理错题本等做题技巧，做笔记无疑也是必备的学习方法之一。

不过，大多时候，你的笔记可能是无效笔记，快看看你有没有中招？

①密密麻麻，找不到重点，自己都不愿意看自己写的笔记。

②记下课上老师讲的每一句话或者照抄老师的板书，写了很多无效内容。

③课后做笔记，但回忆不起来课上老师讲的内容，漏掉重点。

……

真正的高效笔记，不仅能让我们快速记录重点，还能帮助我们梳理知识逻辑和体系，甚至转变思维方式。

一般我会建议使用康奈尔笔记法，它的页面可以分为 3 个区域，分别是：笔记栏、线索栏和总结栏。

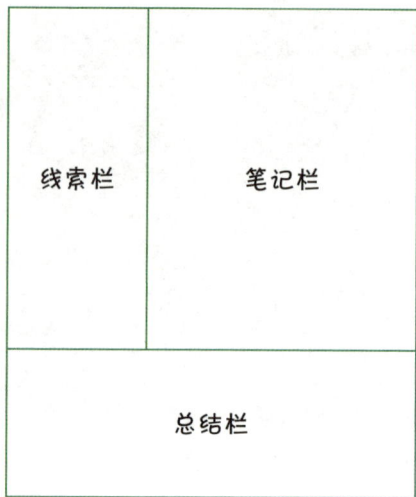

线索栏	笔记栏
总结栏	

（1）笔记栏

①位置：右侧区域。

②作用：笔记栏是整页笔记的主体，用于记录课上的重点内容。

③注意事项：

A 每页一个主题：在第一行写清课程或章节的标题，便于后期检索。

B 有选择：要有选择地记录要点和考点，不要原封不动地抄。在记笔记时，可以灵活运用缩写、符号等来提高速度。

（2）线索栏

①位置：左侧狭窄的区域。

②作用：完成笔记的主体内容后，根据笔记栏的内容，可以整理出哪些问题呢？线索栏就是这样的提问系统。换一种思路，把自己当成出题人，将与笔记内容有关的问题写在线索

栏。比如，"三角形按照角的大小可以分成哪三类？"

③注意事项：

A 在课后立刻补充线索栏。这样可以梳理笔记内容，同时防止遗忘。

B 用"提问"的方式，而不是陈述句或者关键词。这样便于在考前复习时快速理解这一页笔记的重点，同时相当于有了专门针对我们进行提问的"老师"。

（3）总结栏

①位置：页面底部。

②作用：归纳总结要点。

③注意事项：

A 在课堂结束后，尽快开始总结，不要拖延。

B 总结的要点在 3 个以内。

三角形分类

线索栏	笔记栏
按角分，△有哪些分类？	1. 锐角△（最大角＜90°） 2. 直△（最大角＝90°） 3. 钝角△（最大角＞90°）
按边分，△有哪些分类？	1. 不等边△ 2. 等腰△（也叫△等边△（每个角60°）

总结归纳
1. △两种分类方式：按角分，按边分
2. 两个特殊△：直△、等边△

　　请记住，记笔记的目的是进行分析、复习，不要为了记笔记而不听课。如果记笔记会让你跟不上老师的讲课节奏，那么可以先在书上把重点圈出来，课后再尽快整理笔记。

　　另外，搭配使用笔记本和错题本，学习更高效。

4.3 别担心，开考后也有高效得分技巧

你有没有发现，在大型考试中，有些学生往往能超常发挥，他们是如何做到的呢？其实，这得益于他们掌握的考试得分技巧。因此，无论你备考是否充分，都应重视这些技巧的运用。

🔨 拆分考试时间策略

每一门考试都包括多种题型。数学、物理等理科类考试，一般是按照选择题、填空题、判断题、计算题、解答题的顺序排列；语文、英语等试卷则是按照基础、阅读、写作等知识组块的顺序排列。在正式开考前，我们需要提前把总考试时间分解成不同模块对应的考试时间，估算下自己分别在每个部分需要花多少时间来答题，才能把考试时间利用到极致？

需要注意，我们也要留出 5 ～ 10 分钟的时间来检查、誊抄答题卡，或者应对一些突发状况。

假如针对一次语文考试，总考试时间为 90 分钟，那么我就可以这样安排时间：

▼ 总考试时间：90 分钟

▼ 预留时间：5 分钟

▼ 基础知识题：10 分钟

▼ 积累运用题：10 分钟

▼ 阅读鉴赏题：30 分钟

▼ 写作题：35 分钟

这样，我们在每一部分都能以适合自己的速度完成考题，避免剩余大量时间或考试时间不够的情况出现。

🔨 解决粗心问题

考试中遇到不会做的题，并不是最让人痛苦的，最痛苦的是粗心导致的丢分。我曾经一直以为粗心是天生的性格特质，无法改正，上学时尽管每次考完都因为粗心问题而非常痛苦，但也就只会安慰自己"下次注意"。尤其在考试中遇到数学计算题的时候，我都会不由自主地呼吸急促。

至今我还记得，有一次数学小测，试卷上全是计算题目。果然，那次小测我的成绩几乎是全班垫底。最让我难过的是，老师还对我说："以前我经常批评你的粗心问题，这次我什么都不想说了。"我羞愧万分，因为我以前就多次表态说以后再也不粗心了，却一直没有真正付诸行动。那次以后，我痛定思痛，决定务必改掉粗心的毛病。

后来，我明白过来，粗心并非是天生的特质，而是错误的做题习惯导致的。习惯，可以改正，可以重新培养。

（1）正确使用草稿纸，解决计算粗心问题

草稿纸，这个看似简单的工具，实则在考试的每一个环节都扮演着至关重要的角色，从第一遍审题、做题、简单验算，到第二遍检查、核对，都离不开它。此外，那些考试中不需要上交的草稿纸，更是我们考后分析总结的关键线索。

一开始，我的草稿纸是这样的：

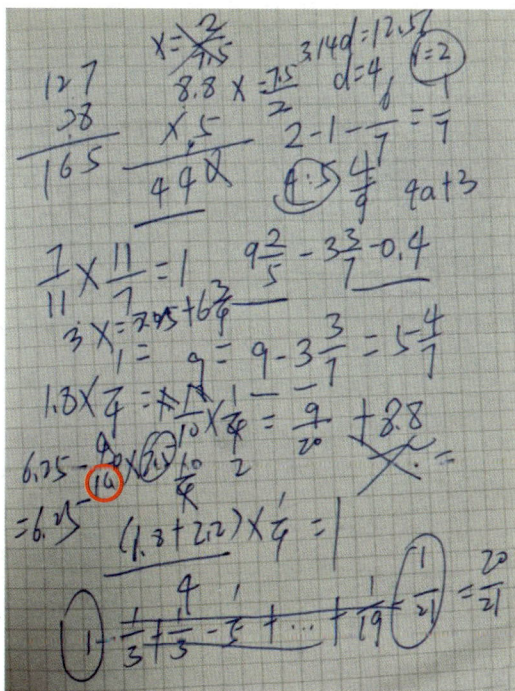

错误的草稿纸示范

这样的草稿纸有两大弊端：

第一，在计算过程中，极容易看错、抄错，导致计算失误。比如，仔细观察上图中红笔圈出来的数字，你能分辨出来这是哪个数吗？我当时计算时就把这个数看成了 10，但实际上这里应该是 16。凌乱的草稿纸上，这种问题会反复出现。

第二，无法检验，无法回溯做题过程。一旦离开当时的计算情境，自己都找不到刚才的计算过程，复查时往往只能从头再算一遍，耗时耗力。就算做错了，也说不清到底错在哪一步。比如，我已经做完了整张试卷，想在交卷前检查一下第 5 题是否正确。如果我能直接检验我的计算过程，大约 1 分钟就能完成检验。但此时在草稿纸上根本找不到第 5 题的踪迹，于是我只好花了 5 分钟重新算了一遍。

那么，如何正确使用草稿纸呢？要求很简单：

第一，按顺序标清楚题号；

第二，笔迹不要交叉，留够空白；

第三，换一个题则另起一行；

第四，可以给草稿纸分栏；

第五，不要考完就扔，先保留一段时间，后期课堂讲解的时候可以根据老师所讲复盘思路，纠正当时的错误想法。

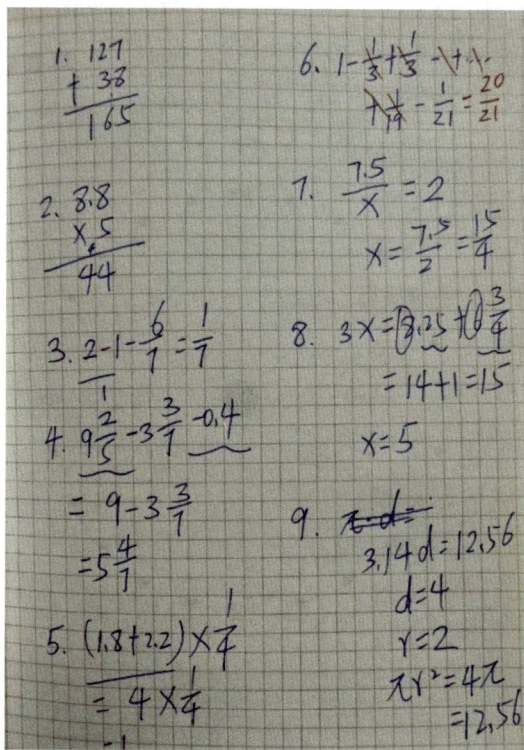

理想的草稿纸示范

（2）审题三遍，解决审题粗心问题

很多学生考试时的粗心问题表现为审题不仔细。之前我教过一个五年级的学生，平时又聪明又努力，但是一到考试连简单的题目也会经常做错。后来，我在一次模拟考试中观察发现，他会担心考试时间不够，所以每道题目只读一遍，就立刻提笔做题。但只读一遍题目，很容易漏掉题目的关键信息，自然就容易出错。

建议审题至少审三遍：

第一遍：整体读题。第一遍读题的目的是明确题目属于哪一类题型，初步判断题目的难易程度。

第二遍：逐字读题，标注圈画关键词。

理科题目关键词包括已知条件、限制词、数字、单位等；文科题目关键词包括作答范围、情感倾向等。有的题目中会有用小括号括起来的内容，同样不能忽略。

第三遍：重读题目，检验是否有遗漏。

当做完这道题后，我们还需再快速读一遍题目，确保刚才考虑到了题目中的所有信息。

审题三遍，帮你规避试卷上出题人给你挖的陷阱。

小试牛刀 »

让我们来审一下这道题目。

一个长方体的无盖鱼缸，从前面和上面看，看到的都是一个长 35 cm、宽 20 cm 的长方形，制作这样的鱼缸至少需要＿＿＿＿（填整数）m^2 的玻璃。

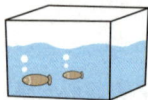

其中，"长方体""从前面和上面看""长 35 cm、宽 20 cm"这三组已知条件是重点，绝大部分同学都不会遗

漏。于是，有的同学看到这里就已经开始做题了。但这个看似简单的题目，其实还暗藏了很多"陷阱"。

陷阱 1："无盖"。计算无盖长方体的表面积时，要去掉一个底面积。如果忽略了这个信息，最后的答案必然是错误的。

陷阱 2：（填整数）。最后答案必须取整数，填写小数则不得分。

陷阱 3：单位不统一。长、宽的单位都是厘米（cm），最后答案的单位却是平方米（m^2）。

$S = 长 \times 宽 + (长 \times 高 + 宽 \times 高) \times 2$

$S = 35 \times 20 + (35 \times 20 + 20 \times 20) \times 2$

$= 700 + (700 + 400) \times 2$

$= 2900 (cm^2)$

转换单位后为 0.29 m^2，则答案为 1 m^2。

以上 3 个陷阱，一旦不注意，掉进任何一个陷阱，这个题都白做了。所以第二遍审题时一定要逐字审读，对任何一个关键信息，都要做好标记。

三步，让你在考场上超常发挥

（1）先易后难，大胆"跳跃"

在理科试卷中，出题人一般会这么设计难度：在同一部分，题目先易后难。假如"计算题"共有 8 道题，那么前 4 道比较简单，也就是大家戏称的"送分题"，第 5 题和第 6 题难度有所提升，最后 2 道题可能就是只有少数人才能做对的难题了。

面对这样的设置，我们也应该先做容易拿分的简单题，把该拿的分数都拿下，再尽量攻克中等难度的题目。

如果遇到特别难的题目呢？该放弃就放弃。

什么时候是该放弃的时候呢？如果你已经在一道题上面耗费了正常答题时间的三分之一，但是还是没有任何解题思路，就该放弃这道题目了。比如，一个比较难的压轴题，正常来说需要10分钟才能做完，而你已经对着这道题思考了3分钟还没有头绪，就该跳过这道题了。

如果强行耗费大量时间解答这道难题，其他题目的答题时间就会远远不够。所以，千万不要钻牛角尖，遇到难题，就先跳过，先做完其他部分的简单题目，直到整个试卷只剩下难题，再回过头来好好研究。

（2）发散思维，多角度"抢分"

但面对难题就只能跳过吗？其实很多题目只是你自认为的"难题"，只要把思维发散开，就能找到解题方法。

不知道你有没有发现，同一道选择题学霸往往花3分钟就得出答案，但是你却需要花7分钟去一一计算，难道是因为学霸"天生"的计算速度吗？

实则不然，学霸喜欢发散思维，在推理的过程中，去尝试各种解题方法和技巧，例如回忆各种公式，画图，画辅助线等，一步一步提升自己的做题速度。

先说选择题吧。我做选择题时总是速度又快准确率又高，怎么做到的呢？我在做选择题时，常会借助选项来提高解题效率。

首先，我们可以借助选项的组合来排除一些无效思路，更快地确定答案。

将下列事件按照发生的时间顺序进行排序（　　）。

①直到1757年，牛顿的万有引力学说已经确立很久。

②1882年，教皇才被迫承认地动学说。

③科学终于以伟大的不可压抑的力量战胜了神权。

④1616年，教皇宣布《天体运行》列入禁书。

⑤地动学说成了天经地义，这才解除了禁令。

A.①③②⑤④　　　B.④②①③⑤

C.④①⑤②③　　　D.①④⑤②③

这是一道语文科目常考的语句排序题。你可以先自己试着做一遍，算一下花费了多少时间。用常规思路来做，可能需要4分钟。

现在先告诉你，语句排序可以按照时间上从先到后的顺序来排。比如，在这个题目中，有3个明显的时间词："1757年""1882年""1616年"。借助这3个时间词，大概2分钟时间就可以完成这道题目。

但是，我们还有更快的办法。那就是直接分析选项。根据时间从先到后的顺序，可以确定：第④句话（1616年）应该排在第①句话（1757年）前面，第①句话（1757年）应该排在第②句话（1882年）前面。

④→①→②

现在，其他的文字信息我都不看了，直接来看选项，满足以上结论的是哪个呢？只有C。所以，这个题答案是C。

借助分析选项，我们可以在30秒内完成这道题目。

另外，选择题也可以用"排除法"来排除错误答案。

💡 **小试牛刀** »

□6×□5 是两位数乘两位数，它们的积可能是（　　）。

A.1625　　　　　B.4550　　　　　C.11020

这道题乍一看也是有点难度的。现在我们试试排除法。首先，我们可以排除 A。因为 6×5=30，所以答案的最后一位数一定是 0，A 不符合。

接下来，我们排除 C。因为两位数乘两位数的积不可能是 5 位数（最大的两位数 99×99＜99×100=9900）

所以，答案就是 B。

其实对于数学大题，很多时候，越是没有思路，越要尽可能发散思维，从各个角度去思考答题方法。即使前两分钟没有明确的答案，但当我们更加专注地思考，尝试把思维发散开，也能找到解题思路。

同学们，你们还知道其他考试小技巧吗？

数学考试中，求角大小的填空题，可以直接用量角器量一量。

英语考试中，有时候我忘记语法顺序，会参考卷面上的其他句子。

语文考试写作中，我可以用阅读题的某些词句。当然，不能全部照抄。

西蒙学习法·漫画版·

求绿色部分图形的面积。

常规的解题思路如下：

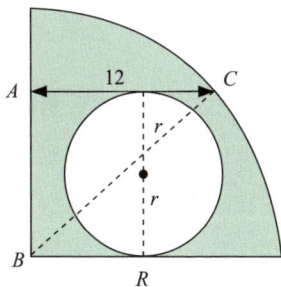

设大圆半径为 R，小圆半径为 r，阴影面积为 S，构建 $\triangle ABC$：

$$S=\frac{1}{4}\pi R^2-\pi r^2$$

$\triangle ABC$ 中，由勾股定理得

$$(2r)^2+12^2=R^2$$

$$\therefore S=\frac{1}{4}\pi(4r^2+144)-\pi r^2$$

$$=\pi r^2+36\pi-\pi r^2$$

$$=36\pi$$

正常来说，这道题需要做辅助线，并用多个公式来求解，所以很多人可能直接就放弃了。

但是换个思路，这道题可以变得非常简单。

题目中并没有说小圆的半径是多少。因此，我们可以用"极限思维"[1]来求解，直接假设小圆半径为 0。此时小圆会缩成一个点，而代表 12 的那条线往下挪，就变成了大圆的半径。绿色部分，正是半径为 12 的圆的四分之一，所以：

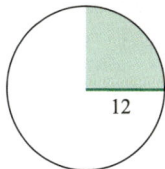

$$S=\frac{1}{4}\times 12^2\times\pi=36\pi$$

这种解法看似取巧，但其实很符合数学中的"极限思维"。

---

[1] 极限思维是指用极限概念分析问题和解决问题的一种数学思想。

可能这个过程会有一些煎熬，但你在考试时可以反复告诉自己：我这样做一定有好处，可能会直接解开难题。如果确实难以下笔，可以写清基础步骤，多拿一些步骤分，考完后再去补充相关知识点也不晚。

（3）做好试卷标记，小心验证

最后，我们要善于在考卷上做标记。比如，我虽然做完了某道题，但心里又犯嘀咕，觉得可能做错了，怎么办呢？很多人会想着再做一遍验证答案。但这样既花了更多时间，又往往难以得到有效验证。因为短时间内，我们的思维和计算思路不会发生明显改变，很难发现问题到底出在哪儿。正确的做法是，在不确定的题目上做个标记，等到把简单和中等难度的题目做完后，再回来验证。验证时，我们可以重新做一遍题目。如果出现前后答案不一致的情况，那就逐步比对草稿纸上的原有计算过程，直到发现不一致的步骤，评判前后这两遍哪一遍是对的。

至于是先做难题，还是先验证不确定的题，就没有固定的顺序了，需要综合考虑你在考场所剩的时间、攻克难题的把握、验证答案需要的时间等。

如果用一句话总结我对考试的态度，我会引用我在高三那年的座右铭："尽人事，听天命。"准确点来说，是"先尽人事，后听天命"。我会用最大的努力，采用各种方法，去争取最好的结果。考试的结果，可能会受考试当下的状态或者其他客观因素影响，但那不是我能控制的，所以就不在我的考虑范围内。只要我能拍着胸脯说自己已经竭尽全力了，就没有遗憾了。

第5章

那些你不了解的学习误区

家长 ≠ 无所不能：父母如何更好地帮助我们

父母是我们的第一任老师。亚伯拉罕·林肯曾说过："一个家庭的教育比一所学校的教育更为重要。"在家庭教育里，父母是孩子的老师，孩子也可以是父母的老师。

请以成长的眼光看待我

固定型思维 VS 成长型思维

你是否从别人口中听过这样的话？有什么样的感受呢？

"真聪明！"

"你真是个天才！"

"怎么这么懒？"

"这孩子学习不行！"

这些看似激励或埋怨的话语，其实都属于固定型思维的外在表现。

拥有固定型思维的人，会认为人的才能是天生的、是固定不变的。他们喜欢说自己"有天分""天生聪明""性格乖巧"。如果遭遇挫折了呢？他们会觉得，当下无法解决的问题，以后也无法解决，所以会寻找借口保护自己或者立刻放弃。拥有固定型思维的人也不愿意去面对挑战。因为在他们眼中，"一次

不同情境中固定型思维与成长型思维的对比

情境	固定型思维	成长型思维
面对批评	感到人生价值被否定，不愿接受	吸取有效反馈，获得更多成长
面对挑战	逃避，害怕失败	勇于接受，敢于承担风险
面对挫折	寻找借口，或者立刻放弃	坦然面对，坚持不懈
面对自己的成功	把成功归结为自己的天赋，沾沾自喜	认为付出努力和运用正确的策略是取得成功的主要原因，总结经验，迎接新的挑战
面对他人的成功	觉得会威胁到自己	主动学习，获得灵感

失败"等于"我是个失败者"。固定型思维会让人局限于已有的认知和能力，会阻碍一个人的成长与进步。

拥有成长型思维的人，认为人的才能是不断发展的，一个人的基本能力可以通过努力来培养。拥有成长型思维的人更加乐观积极。他们不害怕犯错误，因为错误是暂时的，人正是在错误中不断成长的。所以，他们能不断努力，既不会被失败打倒，也不会过于沉迷于眼前的成功。

那么，你是否意识到自己思维模式的局限性了呢？如果有的话，要不要试着主动寻求改变，逐渐培养自己的成长型思维。

此外，我们的很多想法往往是受到了身边亲近之人的影响，尤其是父母的言行举止。如果你经常从父母那里听到一些代表固定型思维的话，请告诉他们："爸爸妈妈，请以成长的眼光和思维看待我。"

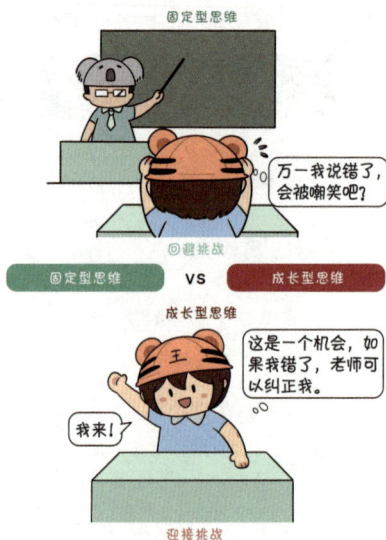

（1）表扬时请夸奖我们付出的努力和运用了正确的策略，而非头脑和天赋

当我们取得进步时，自然就希望得到家长的夸奖。哪种夸奖是你更希望听到的呢？

①"这次你得了全班第三，真是太聪明了。晚上给你做好吃的。"

②"这段时间你进步太大了。你为这次考试付出了很多努力，还专门制订了复习计划。这次进步可以证明，你的方法确实奏效了。"

很多同学都更熟悉第一种夸奖方式，但是这种夸奖真的能给我们带来内心的喜悦吗？当然，我相信任何人在最初听到这句话时都会感到喜悦，因为它肯定了你的成果，你的快乐不仅仅来自这句话，更多的是为这个结果。但长此以往，你会发现自己逐渐被"全班第三"的光环、父母的期望以及"聪明"这样的标签所束缚。父母口中这些看似鼓励的话语也会逐渐失去意义，甚至让你感到有些敷衍了事。

其实真正让我们感到快乐的，是我们努力的过程，是我们认真思考后制订的策略。但遗憾的是，这些努力的过程和策略往往会被家长忽视。不得不说，这让人有点失落。那么，为何不勇敢地告诉他们？告诉他们你在进步时真正想听到什么：

"爸爸妈妈，请关注过程，请尽情地夸奖我的努力，这样我才能享受学习的过程，有动力去挑战更多更难的任务。"

（2）遇到困难时，请用鼓励代替批评

有时候我们当下的努力可能不会收到理想的成果，心里也会充满了不安和焦虑。如果父母无意间再添上一笔，哪怕是出于本能的关心或期望，都会给我们带来压力与困扰，让我们感到更加孤立无援。但你知道，单纯依靠批评与指责，是无法真正解决问题的。

如果你有这种困扰，请大声告诉父母：

"爸爸妈妈，相比一味地说教，我更需要你们的安抚与鼓励。"

此外，安抚和鼓励也有技巧。如果父母只会说"我相信你""你肯定能做好的"，也许一次两次有助于改善我们的心情，但是当他们不断重复说这样的话，我们也会觉得没有实际意义，会感到厌烦。请告诉父母，你更喜欢听到下面的鼓励方式：

① "你能坚持到现在真是了不起。每个人的学习方式都不同，我们应该继续尝试，找到适合你的方法。"

② "看到你这么积极尝试解决问题，爸爸妈妈都很佩服你。我们一起来讨论一下问题出在哪儿，可能我们要多尝试几次，但是坚持下去，肯定能解决的。"

（3）就算要批评，也请给我一些可行的建议

如果某些错误源于自身的松懈与不努力，责任确实在于自己。在这样的情境下，父母对我们提出批评，其出发点无疑是合理的，但批评时，也应该就事论事，而不是否定我们的一切。

理想的批评方式，是请父母站在成年人的角度，为我们指出具体的不足。这样的批评，能够引导我们将注意力集中在可以改变的事情上。以期末考试为例，假如你对此次考试极为重视，尽管平时可能有些贪玩，但在考前两周，你已全身心投入复习，付出了极大的努力，但最终的考试成绩仍然未能如愿以偿。此时，一个合理且有效的批评可能会是这样的：

"我知道你的感受。你对这次期末考试很在意，最近也为此付出了很多努力，但还是没考好，你一定很失望，也有些后悔。 → 感觉爸爸妈妈非常理解我们。

但是，你要知道，你在平时确实没有做到百分之百的努力。你的很多同学比你更努力，基础更牢固。 → 指出具体的不足。

如果你下次想取得更好的成绩，就要充分吸取这次教训，在平时就专注学习。你可以立刻制订下学期的计划了。 → 给出相应的建议，让我们把注意力放在自己可以改变的事情上。

🔨 请帮我打造合适的学习环境

营造一个合适的学习环境对我们的学习效率至关重要。你有没有发现，在学校的氛围中你往往很容易集中精神，但在家里却感觉学不进去。家庭环境经常缺少一个"开始学习"的"信号枪"，大部分人在家里都难以快速进入学习状态。即使开始学习了，也会轻易被转移注意力，难以坚持。每当我们开始学习时，那些平平淡淡的事物都似乎突然有了吸引力，很多人会发呆、咬笔杆、抠桌子或者突然开始"忙碌"地收拾东西……

那么在家里，我们应该如何打造合适的学习环境、尽快开始学习呢？我认为一个理想的学习空间，不需要多么奢华的装饰和复杂的工具，只要能满足不受干扰、极简这两个要素，就是适合学习的好环境。

（1）好的学习环境，要保证我们在学习时不受干扰

想一想，当我们在学校里，一旦进入教室，是不是就会下意识地开始变得安静？而当我们坐到座位上，也会自觉地翻书了。这种相对隔离的专属学习空间，就类似于给了我们一个"开始学习"的信号了。

所以，我们在家里也应该打造一个专属自己的学习空间。首先，这个空间是固定不变的，才可以像学校一样让我们快速进入状态。其次，也要尽量防止专属空间外的干扰，如家长的突然打扰或者电视、手机发出的声响，都可能随时打断我们的学习思路。

要解决这一问题，我们可以与父母进行沟通，提议在学习时间里，大家共同阅读、相互监督。如果这一方案不可行，也

请他们尽可能地不要打扰我们。这样，在事先约定好学习的内容与时间后，我们才能更加顺利地完成学习任务。

（2）好的学习环境，应该是极简的

我去过很多家庭，发现有些家长会给孩子准备各种各样的学习工具，有的是提醒时间的小闹钟，有的是方便改正的修正带，有的是励志的小贴纸，甚至还有打印机……实话实说，这并不利于孩子的专注学习，因为这些工具很容易就变成了孩子们的玩具。

实际上，这些学习工具根本不是必要的，我更倾向于极简式学习。上学时，我的学习环境就是在模拟考场环境：一张桌子，一把椅子，桌子上只放着当下要使用的书本、笔、水杯、草稿纸，其他东西一律不要。当我坐在这样的环境里，我能有效隔绝一切干扰，迅速进入学习状态。

极简的学习环境

草稿纸　　椅子
书本　　　　笔
水杯
桌子

🔨 和我共同发现学习的动力

很多时候，父母不需要一直盯着孩子，只要在一些关键步骤上做对了，就可以为孩子提供强大的学习动力。你有没有想过以后要上哪所大学？是否憧憬过未来的生活？其实这些梦想和憧憬，可以让我们在学习时更有动力。你的学习动力从何而来呢？

我还记得大学时和朋友探讨过这个问题："你是为什么想考北大呢？"

她说："因为我的爸妈在我很小的时候带我去看过北大，当时还不理解高考、北大的意义，但是我觉得校园很漂亮，就随口说我想来北大上学。没想到父母重视起来，在家里装饰了很多北大元素，还一直夸我有志气。让我真的有了一种'我必须上北大'的信念。而且，每当我在看书学习的时候，爸爸妈妈也会关掉电视，放下手机，各自去读书或看报纸。所以我从小就认为，读书是一种自然而然的习惯，是全家人的爱好。所以我从小读了很多书，也没觉得阅读、写作有什么难度。就这样，我考上了北大中文系。"

至今朋友的这番话我还记在心里，她的成长经历也有很多值得我们借鉴的地方。

第一，如果你在平时比较努力，但不清楚努力的意义，可以让父母带你去一些大学看看，感受一下大学的美好氛围。当你对大学产生了兴趣，萌发了"将来我要来这里读书"的想法，还会怀疑学习的意义吗？不需要任何人催促，我们也会主动、自发地去努力。

第二，如果你找不到努力的意义，就不要纠结，从兴趣出发，确立自己的目标，并在行动上请父母共同监督。如果你对某个学科特别有兴趣，可以重点学习。当你逐渐变得优秀，就会出现更多的机会和选择，如参加竞赛、强基计划等。请时刻谨记，兴趣就是最好的老师，是内在驱动力的来源。

第三，你还记得和父母吵架时说过的气话吗？"考不好就考不好呗，大不了长大后去端盘子，一样饿不死。"如果在某一时刻你再也找不到学习的动力，不妨让父母带你体验一下你自以为将来可以过的生活，问问自己，这真的是自己的选择吗？如果不是，那要做出哪些改变才能在未来拥有更多的人生选择呢？

第四，"倒反天罡"，监督父母。当你正在学习时，请大声告诉父母不要在自己面前看电视、玩手机或者进行其他娱乐活动。我们可以尝试邀请父母安静下来一起读书，共同进步。

不要把父母想象成豺狼虎豹，他们也需要成长和学习。多与父母沟通，把你的情绪、思考、建议都告诉他们。家庭成员之间相互理解，建立良好的家庭沟通与理解机制，才能没有后顾之忧。

和父母一起成长

5.2 知道了 ≠ 去做了——如何立刻行动

你度过了一个美好的假期，下周就要开学，开学后会有一场考试，所以不得不提前开始着手复习。不过越是在这个关键时刻，你越会拖拖拉拉，不肯行动。

你是否也有过和上面类似的情况呢？明明知道自己有任务，却仍然选择"推迟"行动，于是心理负担越来越重。这样的拖延，让你表面看似轻松，但内心也会忍不住地焦虑。

那么，如何战胜拖延，立刻行动呢？首先，我们要完成心理上的转变，才能改变自己的行为。

🔨 在心理上战胜拖延

反抗现实，争夺控制权

应该去做的事，我偏不爱做。

欺骗自己，减少焦虑

虽然要做的事情还有很多，但我这么聪明，先玩几天也来得及。

追求完美，害怕失败

要么就做到完美，要么就不做。

（1）导致拖延的心理因素 1：与现实对抗，争夺控制权

为什么明明知道今天"应该"复习，但就是不去做"应该"做的事情呢？问题就出在"应该"两个字上。

"你应该去写写作业了。"

"你应该睡觉了。"

"你应该去锻炼了。"

这些事被冠以"应该"的标签，似乎也成了我们生活中难以摆脱的责任和义务，也让我们内心产生了一种反抗的冲动，变得拖延。拖延，让我们得以在短暂的时间里避开那些"理应"完成的事务，感觉自己不被他人或计划控制。

◆ **对策 1：主动争取选择权**

遇到事情拖延不去做，实际上是被动消极的表现。想要真正解决问题，同时"不被控制"，那就主动出击，给自己提供更多选择。比如，当父母催促我们写作业时，我们可以合理并直接提出自己的需求：

"我愿意去写作业，但希望是在自己选择的时间内去写。"

这样说可以调动你自己的主观能动性，觉得自己是拥有选择权和掌控权的。

（2）导致拖延的心理因素 2：用错误的认知"欺骗"自己

相较于简单的任务，复杂的任务往往更容易引发拖延。面对一项耗时较长、难度较大的任务，我们往往会麻痹自己，对任务完成的时间认知产生偏差："这个任务虽然复杂，但实际上并不需要花费那么多时间，我很快就能搞定。"

以考试复习为例，假设距离考试尚有整整 1 个月的时间，而你的数学基础却相当薄弱，在此情境下，你会如何实施计划？

你可能会不断用各种理由安慰自己：

◆ **对策 2：诚实面对自己**

其实，自我欺骗是很常见的心理。当我们意识到这一点时，最重要的就是要诚实地面对自己。我们需要在心里承认：虽然我真的很想玩，但这个复习任务很难，需要 1 个月的努力才能完成，我需要制订计划，合理安排学习任务与玩耍时间。

有了这样的认知后，最重要的是，从计划的第一天开始就严格执行计划，不给拖延任何可乘之机。诚实面对自己，并制订切实可行的计划，这样既减轻了你的焦虑，也解决了实际问题。你得明白：

"这个任务没那么简单，如果我要玩，就得做好不能完成复习任务的准备。"

（3）导致拖延的心理因素3："完美主义"作祟

当我们对一件事物的期望值过高时，往往会陷入拖延的漩涡。你之前是否有过类似经历？在语文考试中，越想写好一篇作文，越是难以落笔，直到时间不够了才草率开头，这是为什么？

其实，这正是一种完美主义的表现。所谓的完美主义，并非指努力把事情做得完美，而是指追求完美的欲望是无止境、不切实际的。而世界上不存在百分百完美无缺的事物，所以完美主义者往往事事不满意。对于一个完美主义者而言，经常会在纠结内耗中浪费了更多时间，得到一个更差的结果。

这种追求完美、与现实相矛盾的心态，正是我们之前所探讨的固定型思维模式的一种体现。

◆ 对策3：培养自己的成长型思维

战胜拖延的第三个方法，就是从思维上进行根本性转变，不要总是去评定单次的结果是否满意，而是要聚焦于个人成长上。既然人是可以改变、进步的，那么即使你这次做得不完美，或者失败了，也绝不意味着之后不会成功。你也不必急于求成，接受学习是个长线过程，一步一步，相信自己依旧可以让下一次变得更好。你要接受：

"结果不完美也没关系，继续努力就好。"

🔨 在行动上战胜拖延

（1）找到内在驱动力，从热爱开始

拖延往往意味着缺乏兴趣，如果能从热爱的事物开始，那么就会获得内在驱动力，更愿意积极行动起来。

心理学中的自我决定理论（Self-Determination Theory, SDT）指出，人类有三种基本的心理需要：自主需要、胜任需要、关系需要。其中，自主需要是不受外界强制或压力的影响，个体能够根据自己的意愿和兴趣来行动。当我们从事自己热爱的事情时，我们更容易感受到自主性，从而更有动力去持续行动，此时大脑会释放多巴胺等神经递质，这些物质能够激发我们的愉悦感和奖励机制，从而增强我们对该事物的追求和投入。这种生理上的反馈机制是内在驱动力的重要来源之一。

但是，有时候，环境因素或周围人的反应会影响我们对自己最喜爱事物的选择，那该怎么办呢？我认为还是要以自己的兴趣优先。

举个小例子，我的中考体育中包含立定跳远这一项目。要想锻炼跳远能力，我可以选择连续蛙跳、跳台阶、单足障碍跳等方式。我个人最喜欢的是连续蛙跳，但我发现蛙跳的样子比较"滑稽"，总是会招来同学们的起哄嘲笑。之后我便也加入了跳台阶的队伍里。但说实话，我并不喜欢这种练习方式，所以每次都会拖拖拉拉。后来我想明白了，别人的目光并不重要，只要能达到目的，为什么不选择自己愿意做的事情呢？于是我又重新开始了连续蛙跳。事实也证明，当我立定跳远达到满分后，那些嘲笑就消失了，很多同学反而像我一样当起了"小青蛙"。

从热爱开始，找到内在驱动力，让我们在行动上更加坚定和持久。这种驱动力是战胜拖延、追求个人成长的重要力量，即使面对困难和挑战，也能够帮助我们持续不断地前进。

（2）给自己 5 分钟，试试看

有时候我们会为拖延找各种各样的借口，如"我现在还没准备好""已经努力过了，需要多休息一会儿""现在有点困"，等等。我们要真实面对自己的这些借口，不妨顺着这些借口，鼓励自己："没有准备好也没关系，先尝试简单的任务，动起来""如果现在有些困，但任务紧迫，试着努力调整一下状态"。

推荐一个具体的方法：给自己设定 5 分钟的时间，试试看。当我们想要拖延的时候，告诉自己："我就行动 5 分钟，只要我进行 5 分钟的行动，就成功了。"

这样的方法有什么好处呢？

5 分钟行动是一个极低门槛的起点，能极大降低我们对任务的畏惧感。"5 分钟"之后，理想的情况是你已经进入了学习状态，自然而然就会学下去了。即使没有继续往下学，你至少也学了 5 分钟。根据我和学生们的实践经验，大多数人在坚持5 分钟之后都会继续学习。

很多时候，我们认为困难重重的事情，其实都需要我们保持"先尝试"的心态去面对，即便失败了也无妨。这样我们才会不惧失败，激发更强的行动力。

（3）把拖延的想法告诉其他人

如果你担心执行某个任务时会变得拖延，不妨立刻将拖延的想法告诉其他人。与人沟通能有效减轻我们的焦虑和恐惧感，也就减轻了开始行动的阻力。此外，与他人交流往往还能收获一些解决问题的新思路，或许你本来就知道这些方法，但经过他人的提醒，你可能会更愿意去尝试它。

拖延问题没有那么容易解决，但也不要气馁。只有直面拖延，才能真正战胜拖延。

长时间学习 ≠ 专注高效：掌控注意力

现代社会是一个信息大轰炸的时代，知识、信息都不再稀缺。无论是课上还是课下，我们都能接触到大量信息。但是，我们的注意力是有限的。用有限的注意力去从大量信息中获取高价值的信息，就是提高学习效率的关键之一。可以说，注意力是我们宝贵的财富。心理学专家米哈里·契克森米哈赖博士的"心流"理论告诉我们，如果我们能掌控注意力，让自己进入全神贯注的状态，不仅能让我们的学习水平和创造力到达巅峰，还能让我们获得更高的成就感和幸福感。

注意力测试

让我们来玩一个简单的注意力测试游戏：

- ▼ ①评估自身情况：不妨猜猜自己在一堂课中大概会走神多少次，并将次数记录下来。
- ▼ ②课堂实验：找一张便利贴，贴在课桌的一角。每当发现自己走神、注意力不集中时，就在便利贴上做一个标记。
- ▼ ③结果对比：课程结束后，统计一下一堂课实际的走神次数。

我敢打赌，你实际走神的次数一定远远高于你的预估。

回想起学生时代，我一度认为自己是一个相当专注的人。但是，当我第一次尝试这个方法时，却惊讶地发现自己一堂课的走神次数高达十几次。之后，我也鼓励学生对自己的注意力做出判断和评估，仅仅 45 分钟的课堂，有些学生竟然能走神三十多次，几乎每一两分钟就会走一次神！

如果不是看到纸上的记录，应该很多人都很难相信这个事实。这一发现引发了我对注意力机制的深入思考。

🔨 我们的注意力为什么会降低

注意力到底是怎样运作的？我们的注意力为什么在不知不觉中就会变得涣散？

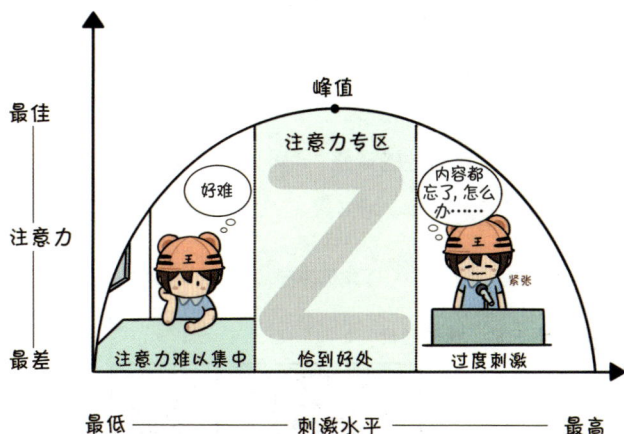

峰值

最佳

注意力

最差

注意力专区

好难

内容都忘了,怎么办……

紧张

注意力难以集中　　恰到好处　　过度刺激

最低 ——— 刺激水平 ——— 最高

　　美国心理学家露西·乔·帕拉迪诺博士就给我们提供了一张注意力曲线图。这张图揭示了注意力与刺激水平之间的关系。当一件事的刺激水平较低时，我们会觉得无聊，提不起精神，注意力难以集中；刺激水平过高时，我们又会太紧张、太焦虑，以至于坐立不安，无法集中。只有刺激水平恰到好处，我们才能处于注意力专区。

三个步骤，重回注意力专区

（1）自我观察，找到原因

　　自我观察，是指用旁观者的视角去观察自己注意力的真实状态。我们已经用注意力测试游戏了解了自己在课堂上走神的次数，这次不妨再回想一下每次课堂走神的原因。

　　接下来，你需要对症下药，解决问题。是睡眠不足吗？那就调整作息时间，保证充足的睡眠；是缺乏兴趣吗？那就可以尝试从不同的角度去发现课程内容的有趣之处；是受到外界环境干扰（如你的同桌经常跟你说话）吗？那你可以和同桌沟通，让其保持安静，或者跟老师沟通调整座位、远离噪音源等。

通过这样有针对性的调整，我们就能够更好地提高在课堂上的注意力水平，提升学习效果。

常见原因

1 睡眠不足，精神萎靡

2 对课程内容缺乏兴趣

3 容易受到周围环境的干扰

（2）调节情绪，合理应对外部刺激

注意力集中的前提是有一个好的情绪。如果我们受到外界的刺激，情绪不稳定，过于低迷或过于激动，都难集中注意力。

①刺激水平过低

如果外界刺激不足，我们容易处于一种比较乏味、缺乏动力的状态，此时你需要主动增加一点刺激。例如，你可以通过提升任务难度、自我激励、自我引导、负面刺激等方法来激发潜能、增加注意力。

如何增加刺激？

提升任务难度：同样的时间内，我要多做 30% 的题目。

自我激励：如果成功了，我就可以去旅游了。

自我引导："注意力，注意力，集中，集中，学习，学习……"

负面刺激：回想让自己懊悔的时刻，刺激自己专注提升，避免再遭遇痛苦。

中断交替法

长时间沉浸于同一类型的知识学习，往往会引发疲惫感，进而导致注意力逐渐涣散。一旦察觉到自己的心思开始游离，这时就需要暂时搁置手头的学习任务，做点其他的事。例如，你在上课期间感觉累了？那么你可以通过改变任务类型来中断之前的任务。以前在地理课上，我会先认真听课，当注意力变得不集中时，就停下来画一会儿地图。很感谢我的地理老师，她不但没有生气，还给我了调整注意力的时间。

②刺激水平过高

相反，如果外部刺激已经过度，使我们陷入焦虑、紧张的状态，就要尽可能减少刺激。可以先适当放松我们的身体，重新审视过去，降低焦虑感，让自己的情绪恢复到正常水平。接下来，可以通过制订计划、提前演练等方式，减少我们对未来不确定的担心，从而降低刺激水平，让自己回到注意力专区。

如何减少刺激?

放松身体：深呼吸，舒展紧绷的肌肉，让身体放松。

重新审视过去：以前我就会因为……焦虑，但是焦虑的事情并没有真的发生。

制订计划：完成这件事需要三步，我可以一步一步解决。

提前演练：明天我先做……再做……

（3）提前应对"不可抗力"

其实，相比自身注意力的涣散，一些来自外部的"不可抗力"更是打断我们注意力的直接原因。这里有一些正确处理外部干扰的小窍门。

第一，勇敢说"不"，敢于拒绝。

你要相信相比于外界给予你的一些临时信息，自己当下所做的事更有价值。因此，面对任何可能干扰我们学习进程的人或事，我们都要勇敢说"不"。

第二，大块的时间要分配给最重要的学习任务。

每天一问，今天你最重要的学习任务是什么？做一张英语卷子？复习上一周的知识？写一篇作文？请你时刻铭记，越是重要的任务，越要放在注意力水平最高的时候完成，不要把宝贵的专注时间放在那些意义不大的学习任务上如抄写。

第三，在你的正前方设置一个提醒。

以前的我在写作业的时候，就习惯在书桌前贴一张白纸，上面只写"学习"二字。在我注意力降低的时候，它能够起到很好的提醒和约束作用。

🔨 注意力集中的基础：饮食与睡眠

其实，提高注意力不仅关乎个人的意志力和专注力训练，它还与我们的日常生活习惯息息相关。只有在合理的饮食习惯与良好的睡眠质量的前提下，才能更好地提升我们的注意力水平。

（1）淀粉大脑的转变

请你试着从下面选出自己最常吃的食物：

粥	牛奶
油条	鸡蛋
米饭	肉
面条	蔬菜
饼	鱼

可以看出，左侧食物有一个共同特点：都是淀粉类主食，含糖量高。日本有一家三岛学堂做过一个研究，如果我们平时饮食总以主食为主，很容易出现饭后犯困、上课专注力降低的现象。三岛学堂通过让孩子少吃主食的方法，来调整孩子的学习状态。1个月后，大部分孩子的注意力得到了明显提升。

他们把长期以主食为主的饮食形成的大脑，叫作淀粉大脑。过量摄入淀粉类食物会导致血糖迅速上升，高血糖环境可能会对脑细胞产生不利影响，导致大脑发炎，长期下来可能会影响记忆力。这种情况下，孩子会发现自己跟不上老师上课的进度，学习也变得吃力，专注力大幅降低。但是如果能少吃主食、多吃蛋白质，则可以形成"蛋白质大脑"——此时体内含糖量下降，血氧水平正常，大脑能更好地进行思考。

所以，你可以跟父母一起，从改善家里的饮食结构开始，以早餐为例，玉米、坚果、鸡蛋，再搭配一个苹果、一盒牛奶，就是一顿营养美味的早餐。这样做甚至比粥、油条、烙饼之类的早餐更快更省事。相信一段时间的坚持后，我们的注意力会有明显的提高。

（2）高质量睡眠的两个开关

现在学生们的学习节奏快，学习任务重，睡眠时间也在不断减少。但充足的睡眠非常重要，或者说充足的深度睡眠时间非常重要。如果睡眠时间不够，白天大脑浑浑噩噩，根本不可能集中注意力。所以，一些没有价值的题能省则省，绝对不要牺牲睡眠时间。如果学习任务真的很重，那么在有限的时间里保持深度睡眠就变成了重中之重。

《斯坦福高效睡眠法》告诉我们，想要高质量睡眠，有2个重要开关。

①温度开关

如果有条件的话，把房间调节到一个舒适的温度，并在睡前适当降低自己的体内温度，就能让我们更快更好地入眠。你知道为什么洗了热水澡后就很容易犯困吗？因为当我们洗完澡后，身体温度逐渐下降的过程会给我们带来困意。

②大脑开关

想让大脑尽快进入睡眠的第二个方法，是一定要避免睡前大脑过于兴奋。如果睡前你打游戏，看悬疑小说，听相声，甚至努力攻克了一道大难题，都会让你过度兴奋，难以入眠。所以，我们在睡前需要尽量做一些让自己大脑不那么兴奋的事情。

打开空调　听白噪声　看无聊的书　练习书法　选择透气的枕头　睡前沐浴　如何拥有高质量睡眠

若你尝试了前面的方法还是难以入睡，那么不妨尝试自我催眠。

STEP 1

漆黑光线　　舒适的枕头　远离手机

STEP 2

催眠，和自己对话。

现在，请闭上眼睛，深呼吸。想象你正躺在一片宁静的草地上，阳光温暖地洒在你的身上。

请慢慢吸气，呼气时放松全身的肌肉。从你的脚趾开始，让脚趾放松，然后是脚背、脚踝、小腿、膝盖、大腿……（依此类推，逐步放松至全身各个部位）

你的身体变得越来越轻，越来越放松。

随着每一次呼吸，身体的紧张和疲惫正在被带走，只剩下平静和放松。你感觉有点困了……

5.4 多学科≠互相干扰：多学科配合策略

前面我们强调过弥补弱势学科的重要性，也强调过要集中精力持续学习。但是，持续学习是指每天都坚持学习一部分内容，直到完全掌握，千万不要把持续学习的方法理解为"每天只学一门学科"。长时间学习同样类型的内容，会导致注意力和学习效率下降，所以同一天要学习不同的学科。

从实际复习效果上来说，任何学科的知识都需要反复复习。即使是自己的优势学科，一段时间不学习，也可能会逐渐忘记，跟不上当下的课程内容，进而转变成弱势学科。

所以，多门学科同时学习是很有必要的。《义务教育课程方案和课程标准（2022 年版）》也明确提出"原则上，各门课程用不少于 10% 的课时设计跨学科主题学习"。多学科、跨学科的学习也更符合现在教育改革的风向。如果能恰当处理多门学科的关系，那么多门学科非但不会相互干扰，还能够互相促进。例如下方的陕西省的三模历史试题就将物理与历史知识结合：

💡 小试牛刀 »»»

下图所示，F_1 是中国近代民族工业发展的动力，F_2 是其发展的阻力。其中 $F_1 > F_2$ 的原因不包括（　　）（2023 年陕西省西安市第五十五中学中考三模历史试题）

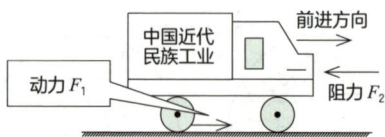

A. 实业救国思潮的推动

B. 北洋军阀混战

C. 列强忙于一战暂时放松对华侵略

D. 辛亥革命后，政府奖励实业

答案：B

🔨 跨学科主题式学习：知识联动

你想不想尝试一些更有趣的学习方法？那不妨尝试一下知识联动的方法。让我们选择一个自己感兴趣的主题，围绕这个主题进行多学科的学习。用多学科的知识去研究同一个主题，这能让我们吸收各学科的核心知识，并发展出跨学科的思维能力，从而有助于我们从不同角度去理解事物、融会贯通。

例如，当你在物理课堂上学到水的三种形态（冰、水、水蒸气）时，会想起什么呢？如果是现在的我，会不由自主地回忆起我教过的一篇语文课文——《我是什么》，课文中将"水"拟人化，讲了气、雨、云的变化过程，这不正好对应了物理学中水的三种状态，即固态、液态和气态。此外，物理学中还提到过水与冰的密度不同，形态转化后，二者体积会发生变化，那么如何计算冰与水的体积变化，就又涉及了计算。

经过这一系列的思维发散，围绕着水，我们可以学到更多的知识。

跨学科主题式学习将理论知识与实际情境相结合，不仅可以让知识与实际相结合时，增加趣味性，也能拓展更多知识，提高学习效率。

🔨 跨学科方法迁移

能够"跨学科联动"的除了不同的学科的知识，还包括不同的学科方法。

当我们有了一定的学习积累后，就可以把一些方法整合起来，将所学的方法应用到新的情境中，这就是方法迁移。跨学科方法迁移能够让我们掌握多学科的知识和技能，形成多元化的能力结构。我们在数学学科学习了图表分析法，在语文、英语学科学习了文本阅读和理解法，在物理、化学学科学习了实验和观察法，在政治、历史学科学习了因果分析法，在地理学科学习了地图分析法……以上方法，你都可以去尝试在其他科目中是否能更好地应用。

举个例子，《三国演义》是四大名著之一，也是语文学科要求的必读名著之一。大家所熟知的赤壁之战里就涉及许多地理问题，比如：曹操的南下路线是什么样的？赤壁之战的赤壁在哪？为什么需要"借东风"……想要解决这些困惑，就必须运用地理学科的地图分析法，去分析各方势力的位置、距离、地理条件等。

⚡ 素材积累站 ⚡

赤壁之战的一场东风，为何能改变三国历史走向？

赤壁之战是中国历史上以少胜多的著名战役。东汉末年，曹操率领二十万大军南下攻打孙权和刘备的联军。孙刘联军虽在兵力数量上处于劣势，但利用地形、气候条件，采用了火攻的战术。当时，东南风大起，火势借助风速迅速蔓延，曹军的大量战船被烧毁，最终，在这场战役中曹操战败。

可以说，东风在赤壁之战中起到了关键的助力作用，帮助孙刘联军取得了胜利。但为什么会刮东风？《三国演义》小说中把它归结为诸葛亮施展的"法术"，这当然并非真实原因。

跨学科阅读：同时提高专业水平和阅读水平

跨学科融合阅读是指阅读不同学科的书籍、文章，从而跨越学科界限，将知识融会贯通，在全方位提高阅读水平的同时，形成更为全面和立体的知识结构。

《红星照耀中国》是初中必读书目之一，书中的内容更是可以从历史、地理、人文等多个方面进行解读，是一本有一定阅读门槛的书籍。我们应如何更好地深入理解这本书的内容呢？主要有三个方面：

（1）历史背景的了解

通过阅读相关历史书籍或文章，如中国共产党早期革命历史、国共内战背景等，构建起对 20 世纪中国政治、社会状况的基本认识。这有助于理解书中描述的历史事件、人物决策及其背后的复杂原因，使阅读更加透彻。

（2）地理知识的辅助

利用地图和地理书籍，熟悉书中提到的地理位置，如陕甘宁边区、长征路线等。通过空间位置的直观理解，可以更好地把握红军的行动轨迹、战略转移的意义，以及地理环境对革命斗争的影响。

（3）人文视角的融入

我们还可以结合当时其他文学作品（比如毛主席的诗词），深入理解人物精神，甚至还可以从当时的国际形势出发，了解一些有关德国和意大利签订《柏林协定》形成"柏林-罗马"轴心等国际事件的背景信息，或者可以阅读一下《红星照耀中国》这本书的英文原著。这样做既能锻炼我们的英语阅读能力，也能让我们更好地理解当时的时代背景。

这样对书中各类知识的不断探索和融合阅读，会给你的学习带来很多小惊喜，让你领略到知识本身的魅力。

临阵磨枪 ≠ 手忙脚乱：如何在 3 天内迎战一门考试

如果现在距离考试的时间只有三天了，你会做什么呢？

我们要规避两种常见的错误做法：①什么都想再学一点；②直接躺平，美其名曰"放平心态"。

常言道："临阵磨枪，不快也光。"在临近考试时，我们仍旧可以做些什么呢？

临时抱佛脚

🔨 第一天：学会放弃，扫描重点

在考前三天的复习时间里，面面俱到是不现实的。我们要学会放弃之前迟迟无法掌握的大知识组块，在考前三天就没必要继续学了。尤其是一些理科的难点题目，就算勉强感觉自己终于理解概念和答题思路了，但由于练习时间不够，在考场上往往似懂非懂，也很难拿到对应的分数。

这三天要学习的重点知识组块应该满足以下要求：①分值高的必考题；②难度不高，自己以前学习时能够理解的题目；③长久没有复习，比较模糊的知识点。

找到复习重点后，我们应该打开笔记本、教材、错题本，复习这些与重点相关的知识、题目。

第二天：重点突击，每种题型做 2 道题

今天开始，我们要重点突击。突击方向有两个：

第一，突击练习重点知识组块的新题目，保持注意力刺激水平和题感（模拟考场做题的感觉）。一般来说，从每种题型里选择 2 道题比较合理。这样题目数量不至于太多，不会给自己带来额外的压力；也不至于过少——起码能让我们保持做题的感觉。如果做第 1 道题时遇到困难，可以看看参考答案，但是第 2 道题就一定要独立解决了。

第二，突击记忆一些"即学即用，考试必考"的知识点，比如：没有背熟但常考的古诗文，一些作文的"万能开头或结尾句段"，一些常考数学模型……对这些必考点烂熟于心，可以增加我们的考前自信。

第三天：回归课本，背诵基础内容

到了考试前夕，我们要做的就是回归课本，背诵一些基础知识，避免考试中发生低级错误。此时，不建议考生去做新的

题目。任何人都不能保证自己什么都学好了。万一在考前突然发现自己出现了大量的做题失误，偏偏此时又来不及去好好掌握了，就会极大地打击我们的考试信心。

最后，强调一下，越是临近考试，越要"稳住"，不要随意改变自己的正常学习和生活节奏。以前的睡眠时间、饮食习惯、固定的学习任务都应该照常进行。越是"一切如常"，越能保持平和的心态，越能从容地面对考试。

在我近二十年的学生岁月和七年的教学生涯中，接触过很多孩子，有无数的故事和经验想要分享给你们。奈何纸短意长，愿我的心得体会能化作一盏小灯，照亮你前行的道路，让你的学习之路少些荆棘、多些光明。

相信自己，你有一往无前的信念，你有征服一切的勇气。你是未来，你是希望！快乐地出发吧！